如何阅读休谟
How to Read Hume

[英]西蒙·布莱克本(Simon Blackburn) 著

张鑫毅 译

重庆大学出版社

西蒙·布莱克本（Simon Blackburn），剑桥大学哲学教授，撰有多部哲学专著，包括《言表：语言哲学基础》（*Spreading the Word: Groundings in the Philosophy of Language*, 1984年）、《规制激情：一种实践推理理论》（*Ruling Passions: A Theory of Practical Reasoning*, 1998年）和《牛津哲学词典》（*Oxford Dictionary of Philosophy*, 1994年第一版，2005年第二版）。他还出版了许多面向大众的哲学普及读物，包括《思想：哲学览胜》（*Think: A Compelling Introduction to Philosophy*, 1999年）、《向善：简明伦理学导论》（*Being Good: A Short Introduction to Ethics*, 2001年）、《贪欲：七宗罪》（*Lust: The Seven Deadly Sins*, 2004年）、《真理：困惑者指南》（*Truth: A Guide for the Perplexed*, 2005年），以及《柏拉图〈理想国〉评传》（*Plato's Republic: A Biography*, 2006年）。

目　录

丛书编者寄语

我如何阅读
"如何阅读"丛书？

　　本丛书基于一个非常简单却又新颖的创意。为初学者进入伟大思想家和著作家提供的大多数指南，要么是其生平传略，要么是其主要著作概要，甚或两者兼具。与之相反，"如何阅读"丛书则在某位专家指导下，让读者直接面对伟大思想家和著作家的著述。其出发点是：为了接近某位著作家的著述之究竟，您必须接近他们实际使用的话语，并学会如何读懂这些话语。

　　本丛书中的每本书，某种程度上都堪称一个经典阅读的大师班。每位作者都择录十则左右著作家原作，详加考察以揭示其核心理念，从而开启通向整体思想世界之大门。有时候，这些择录按年代顺序编排，以便了解思想家与时俱进的思想演变，有时候则不如此安排。本丛书不仅是某位思想家最著名文段的汇编、"精华录"，还提供了一系列线索或关键，能够使读者进而举一反三有自己的发现。除文本和解读，每本书还提供了简明生平年表和进阶阅读建议，以及网络资源等内容。"如何阅读"丛书并不声称，会告诉您关于这些思想家，如弗洛伊德、尼采和达尔文，甚或莎士比亚和萨德，您所需要知道的一切，但它们的确为进一步探索提供了最好的出发点。

正是这些人塑造了我们的智识、文化、宗教、政治和科学景观，本丛书与坊间可见的这些思想家著作的二手改编本不同，"如何阅读"丛书提供了一系列令人耳目一新的与这些思想家的会面。我们希望本丛书将不断给予指导、引发兴趣、激发胆量、鼓舞勇气和带来乐趣。

西蒙·克里奇利（Simon Critchley）
社会研究新学院　纽约　p.viii

　　为便于阅读，引用休谟的著作时，我按照现代习惯对其18世纪的拼写方式做了轻微的改动，比如，"deriv'd""produc'd"改为"derived""produced"；"'tis"改为"it is"，"'twill"改为"it will"；"wou'd"和"cou'd"改为"would"和"could"。

　　全书均使用休谟著作标题的下述缩写。（著作的具体版本详见参考书目。）

　　D 《自然宗教对话录》（*Dialogues Concerning Natural Religion*）。引文注明对话的篇数，即从 1 到 12，以及段数，例如：*D* 12.7。

　　E 《人类理解研究》（*An Enquiry Concerning Human Understanding*）。引文注明章数与页码，例如：*E* 7, p. 144。

　　EM 《道德原则研究》（*An Enquiry Concerning the Prin-*

ciples of Morals）。引文注明章数与段数，以及页码，例如：*EM* 6.21, p. 125。

　　EMP　《道德、政治与文学论文集》（*Essays: Moral, Political, and Literary*）。引文注明论文标题以及页码，例如：《怀疑论者》，*EMP*, p. 166。

　　ST　《论品味的标准》（'*Of the Standard of Taste*'）。引文注明段数与 EMP 中的页码，例如：*ST* 7, p. 229。

　　T　《人性论》（*A Treatise of Human Nature*）。引文依次注明卷数、章数与节数，以及页码，例如：*T* I.iv.2, p. 216。p.ix

导 论

　　休谟是最伟大的英国哲学家。可他也是最难解的英国哲学家。通过这本小书，我希望能让读者明白这两点如何都是实情，因为唯有当我们究明休谟的难解之处，才能洞察他的伟大之处。英国的哲学家们无疑最钟爱休谟，兴许任何地方的哲学家都是如此，爱休谟一如爱苏格拉底。休谟以其平和、明智与仁厚名重当时，而他的著作可谓文如其人。无怪乎休谟的苏格兰同胞在2000年将他选为千年人物，这份殊荣不仅属于休谟，也属于苏格兰，休谟定会欣然接受。

　　大卫·休谟于1711年在苏格兰边区出生，他生命的大部分时光都在爱丁堡度过，直至1776年辞世。他是后世所称苏格兰启蒙运动（Scottish Enlightenment）的核心人物之一，这场运动带来艺术与科学的大繁荣，对现代世界的缔造至关重要。休谟就读于爱丁堡大学，在以经商和法律为业的尝试受挫之后，年仅23岁的他离开英国到了法兰西，在临近昂热

（Angers）的小镇拉弗莱舍（La Flèche）过着俭朴的田园生活。正是在这里，休谟用两年时间撰写了他最伟大的哲学著作《人性论》。

返回英国后，休谟将这部书付印（1739 年），并在爱丁堡稳步踏入了文字生涯。他的《道德、政治与文学论文集》第一卷于 1742 年出版，随后是《人类理解研究》（1748 年，常常被称为"第一研究"）和《道德原则研究》（1751 年）。开创性的《英国史》（*History of England*）在 1754 年至 1762 年间分六卷问世。收录《宗教的自然史》（*The Natural History of Religion*）的《论文四篇》（*Four Dissertations*）刊行于 1757 年。休谟最后的哲学作品是令人赏心悦目的《自然宗教对话录》，也许是为了避免激怒信众，他生前拒绝将其公诸于众，但嘱咐继承人在他死后发表。休谟偶尔也中断哲学与文学生活，涉足更广阔的世界，尤其是从 1763 年到 1766 年出任英国驻法国大使馆秘书，他在巴黎被奉为欧洲启蒙运动的一面旗帜，人们视他为现代科学的主要哲学阐释者、将科学方法引入人类研究的经验主义者、击碎宗教思想家们最为倾心的那些论证的怀疑论者，以及通过对人性的冷静且善意的理解，为一个全新未来铺平道路的道德学家和政治理论家。

p.1

休谟一直以来都遭到误解。伊曼努尔·康德（Immanuel Kant）是第一位认真对待休谟的大哲学家，休谟去世没过几年，康德指名道姓地提到休谟的四个重要论敌，并对他们嗤之以鼻：

> 然而形而上学向来厄运缠身，注定没有人会理解休谟。当看到他的论敌里德、奥斯瓦尔德、毕提还有普利斯特列对于他的问题如何完全不得要领，对于他提出的改进线索如何处处错估误判，不能不让人感到痛心——这些人视为理所当然的东西往往正是休谟所怀疑的，反过来，他们满腔热情并且经常自命不凡地要证明的东西，休谟恰恰从未想过要怀疑。[1]

但其实休谟在著述风格上颇费苦心，在他认为《人性论》是失败之作后更是如此，而且他的写作有意识地以尽量向读者普及为目标。休谟没有杜撰什么时髦的哲学词汇，也没有臆造任何花哨的范畴。他在表达抽象的观念与论证时，总是辅以日常的例子。休谟从不将观点强加于读者，相反，他跟柏拉图一样，常常和读者以及自己进行对话，不断探索和质疑。他的晚期著作特别是《道德原则研究》，洋溢着一股和风煦日的气息，那种典雅的姿态与步调，属于自信的18世纪，在后来充满冲突与不安的年代就难得一见了。有人也许会认为，这可以让休谟的观点更加明晰易懂。休谟的文章醇厚而博赡，一派18世纪的风格，而这本身不会造成多大的阅读障碍。[2]

　　不过，当我们试图把握休谟的观念、理解他的主张，换言之，当我们试图真正读懂他时，问题就出现了。在这本小书里，我们将要面对休谟哲学中最为重要的十个问题。诚然，这会略去休谟的其他贡献，包括他在时空形而上学、自由与责任问题以及另外诸多方面的重大贡献。因为休谟的论文和著作远远超出了哲学的范围，他在历史学、经济学、政治科学和人口学等领域同样贡献卓著。而这一切的基础都是关于人性的科学，我们的讨论也将以此为起点。 p.3

1

人的科学

一切重要问题的解决都可以纳入人的科学；在我们熟悉这门科学之前，任何问题都不会有确定的答案。因此，我们表面上是要解释人性的原理，其实是在某种几乎全新的基础上建立一个完整的科学体系，而且唯有如此，这些科学才能稳固地立足。

正如人的科学是其他科学唯一坚实的基础，我们所能赋予这门科学本身的唯一坚实基础，又必须建立在经验与观察之上。

T Introduction, p. xvi

休谟的哲学秉持彻底的人类中心主义。他研究的主题不是"世界的本质"，而是我们人类如何看待世界的本质。换言之，他研究的主题是人性（human nature）与人类理解（human understanding）。休谟相信，自然科学已经取得了辉煌的成就，牛顿在物理学和力学领域的大获成功尤其引人注目，相比之下，人性科学还有待发展。他还相信，由于所有科学都"受到人类认知的支配，并且由人类的能力和官能进行评判"，对这些能力和官能的理解就可以获得一种根本性的地位，为其他研究取得成果奠定基础。他认为，政治学、道德学以及"批评学"或美学显然印证了这一点，宗教学也明显如此，甚至数学和自然科学都不例外，即便不是那么显而易见。因此，休谟最初的哲学抱负是给人的科学确立基础。这意味着要描述心灵的能力、理解的限度以及我们知识的可能范围，然后再加上一个关于我们的情感与动机的理论，以便将道德学和政治学置于牢固的基础之上，就像自然科学和数学一样。

p.5

当我们跟随休谟追寻上述目标时，要抓住他所说的两个关键词，即本性（nature）和怀疑论（scepticism），尽管每个词都需要谨慎界定。事实上，休谟本人就对后一个词做了限定，仅指某种折衷怀疑论（mitigated scepticism）。在这一章，我只想表明两者赋予休谟著作的总体论调或色彩，后面再对它们进行更多的讨论。对本性的强调确定了休谟哲学的总纲。它意味着在休谟眼中，人类是与其他动物无异的生物，拥有各式各样的习惯，包括心理习惯，当然也具有"情感"（passions），最简单的便是恐惧和饥饿之类的东西。我们的禀赋由自然能力所构成，可以让我们在周遭环境中延续生命并发现自我。正如我们将会看到的，这是一种达尔文式的生态学视角，它使休谟对于常人的生存机制持一种平和的态度。我们自然而然地寻求我们的情感所趋的对象，为了做到这一点，我们信任我们的眼睛或者一般意义上的感官，信任记忆、基本的归纳过程、自发的预测以及对我们经验的解释。对于这些东西，我们没有任何选择可言。我们不曾设计自身，也无法消除本性使然的东西。诚然，通过学习和教养，我们能在一定程度上有所改变，但休谟始终不相信对抗本性是可行的，也不相信人类拥有对抗本性的智慧。

休谟的折衷怀疑论是上述立场的另一面。当休谟试图依靠推理（reasoning）来支撑我们源于本性的那种信任，他得出的结果完全是否定性的，折衷怀疑论由此产生。自柏拉图以降到洛克和斯宾诺莎，哲学家们一贯钟情于理性（reason），理性是人类独享的荣光，对17世纪的一些哲学家来说，它甚至还是我们与上帝最为相仿的特质。[3] 但休谟表明，理性既不能生成我们的自然信念，也无法确保这些信念的充分性或者有效性。相反，对于我们生活中最为重要的信念，即我们对周围的外部世界进行描述所依凭的那些信念，理性做出的裁决是，它们绝不可能为真。对于其他信念，理性没有予以这般激烈的非难，其裁决保留了开放性：我们没有理由认为这些信念为真。由此可见，除了在一些琐碎的问题上之外，理性之光闪烁不定，不是稳定和可靠的指路明灯。理性甚至会破坏自身：当我们对推理活动进行认真的理性反思，会得出最极端的怀疑主义或虚无主义观点。所以，我们的本性能够绕开理性，乃是一件幸事。理性本身不会给我们留下信条或信念，让我们失去行动能力，陷于瘫痪状态。我们的本性取代理性的位置，强使我们的心智与动机进入它们所具有的形态。对休谟来说，人类不再是宇宙秩序的骄子甚或堕落的骄子，不再居于按照其自身形象创造我们的仁慈上帝所执行的理性计划的顶端，而只是一种既非天赋异禀亦非秉性纯良的动物，随同其他人类为各自的舒适生活而斗争，即便在理想的情况下，人类也只是堪堪能在某种脆弱的社会秩序中相互合作。

要看到关于人类状况的这幅图景的激进性，或许最好是与康德提出的图景进行比较，后者最伟大的著作《纯粹理性批判》（*The Critique of Pure Reason*, 1781 年）便是致力于超越休谟的图景。康德认为他的任务是给我们思维的基本范畴提供一种"演绎"（deduction），这里的"演绎"是一个法律用语，意为证明一份财产的所有权。仅仅表明这些基本范畴是我们与生俱来的，或者我们别无选择而不得不运用它们，是不够的。尚未解决的问题在于，它们是否"客观地有效"（objectively valid），能够引导我们了解真实的世界状况，而非只是以假象蒙蔽我们。休谟留给我们诸如此类的结论：我们本能地认为每件事都有原因；我们发现相信时空中的事件具有客观秩序是自然的；我们期望未来和过去相似。而康德所要做的是，从"我们本能地（*minded*）以这样的方式思维"推进到"我们以这样的方式思维是正当的（*right*）"。他意在重建我们的信念与事实之间的和谐。康德与这项任务的智斗力搏是一个宏大的话题，但这里只需说明一点就够了：他为完成这项任务所付出的代价是，使得世界本身成为一种"建构"（construction）。我们的思想之所以能确保和世界相符，是因为我们所认识的世界在某种隐晦的意义上受到我们思维方式的塑造。这便是"先验观念论"（transcendental idealism），它蕴含的一个结果是，我们自认为感知和思考的事物"就其所有结构和变化而言都只是单纯的表象，即我们内心的表征，其实在性是我们直接意识到的"。[4]休谟没有活到对此进行回应，但他毫无疑问会和评价贝克莱主教著作中的观念论一样，认为先验观念论是不可信的。它的代价太高了。倘若给理性以权威来引导我们的信念要付出这样的代价，那么理性的处境就更加不妙了。

另一方面，休谟和康德也有颇多共识。两人都认为，哲学研究的材料是我们自己的判断，这些判断是我们的认知（以及情感）本性的产物。他们还承认，我们不能自负地授权自己可以独断地相信，我们的判断在任何意义上都是本性自身的判断。对康德来说，这会招致怀疑论危机，并且如我们已经看到的，需要一种"演绎"或所有权证明。对休谟来说，这会引发一种更接近于现代实用主义（pragmatism）或"新实用主义"（neo-pragmatism）的态度，就像理查德·罗蒂（Richard Rorty）之类的哲学家在其著作中所呈现的那样，[5]提出对于我们认知机制的各个方面，所能给出的最后定论和最终裁决充其量是：它在运转（it functions）。只要它在运转，并且任何情况下我们都不可能以其他方式思维，那么我们所需要或者所能提供的所有权演绎也就仅此而已。

康德非常正确地指出，休谟的同时代读者包括托马斯·里德（Thomas Reid）和詹姆斯·毕提（James Beattie），没能懂得休谟的怀疑论指向的是理性能力，而非我们的自然信念。所以在这些人看来，休谟"没有留下任何根据，可以让 p.8 人相信一件事情而非其反面"，而这当然会导致他为一门人性科学奠基的正面目标完全落空。托马斯·里德这样说道：

> 《人性论》的作者似乎有股独特的幽默感，他一上来就在引言中郑重承诺，要在全新的基础上建立一个完整的科学体系，即人性科学；但整部著作却旨在表明，世上既不存在人性，也不存在科学。对这种做法进行抱怨大概是没道理的，这位作者既不相信自己的存在，也不相信读者的存在，因此不可能有意要让读者失望，或是嘲笑他的轻信。[6]

但休谟当然相信他自己的存在，也相信读者的存在，此外还相信其他许多事情。他并不是里德所认为的"怀疑论怪物"（monster of scepticism）。休谟一向鄙薄所谓的"皮浪主义怀疑论"（Pyrrhonian scepticism），后者因古希腊怀疑论者埃利斯的皮浪（Pyrrho of Elis）而得名。这种学说同样接受关于理性的怀疑论，但进一步认为正确的做法是悬搁（suspend）对所有事物的判断。休谟的回应是：这根本不可能做到；对我们而言，本性的力量太过强大，所以这样的建议毫无用处。与之不同，休谟是一名审慎的折衷怀疑论者，他固然也因为深知人的易错性（human fallibility）而受到困扰，但他完全有权提出自己的实证哲学。里德等人认为，休谟将他从洛克和贝克莱那里承袭下来的经验主义原则推到极端，陷入了荒谬的皮浪主义怀疑论。但实际上，休谟所从事的是阐明这些人一无所知的心灵机制，这种机制可以重建我们日常的信念，即便理性本身对它们的评判是否定的。

对休谟哲学的一般旨趣有了这么多的了解之后，我们可以回到阅读他时产生的困惑，他的一些说法似乎显得不统一甚至不一致，导致难以解释，也给里德等人提供了口实。为说明这是什么意思，让我们列出他看起来接受的一些东西。

p.9 休谟是一名经验主义者，主张我们的所有观念都必须和我们的经验具有非常密切的联系，然而他也乐于使用一些跟经验无关的概念，还对此加以论证。他指出，我们的一切推理都必须将一个常识性的外部世界的存在视为理所当然，但他却又认为稍加反思就可发现，这样的世界隐藏着无法克服的矛盾，因而不可能是真实的。他支持"自然信念"学说，认为尽管基于感知与记忆的素朴信念（sober beliefs）对我们来说是自然的，但它们并不比盲目的幻想更合理，却又认为盲目的幻想应该受到指责和排斥，例如相信预言和神迹。他论证，根据我们已有的全部知识，任何事情可以引发任何事情，却又主张对世界状况的表征无法单凭其自身激发我们去行动。他赞成道德只不过是我们情感的表达，谈不上为真或为假，却又认为没有人能真正否认道德差别（moral distinctions）的实在性。他将艾萨克·牛顿尊为英格兰民族最为耀眼的伟人，却又认为科学所做的无非是稍稍弥补我们的无知。他认为宗教只适于充当一种消遣活动，甚至说当他听闻有人愿意成为基督徒，便断定那人是个无赖，却又似乎对用于证明上帝存在的论证充满善意，尽管他已经亲手将那个论证彻底摧毁。他对于人性的统一性（uniformity）怀有一种18世纪启蒙式的信心，但在史著和论文里又不断讨论文化差异与文化分歧的存在。

上面这些疑似自相矛盾的地方，有些是表面的和容易解决的。休谟写作时同样会运用修辞和反讽，有时还会言过其实。他区分了严肃的哲学研究和对日常思想的闲说漫谈，因此对于他的任何特定观点，重要的是弄清他采取的是何种论调，而且要把个别的说法放到具体语境中去理解。休谟的言辞不同于现代的职业哲学，后者追求一种严谨、严格的表达方式，不懈地（并且屡屡不成功地）对抗语言的流动性、易

p.10

变性与修辞性。

　　然而，另外一些困难深深植根于休谟对事物的看法。伟大哲学家身上出现的明显不一致，是某个关键点的标志：在这个点上，他以及我们不知道事物如何相连，并且我们关于世界和自己在世界中的位置的观点产生了某种裂隙，必须进行弥合。这种裂隙也许仅仅源自哲学家所处时代的某些流行见解，能够将其克服也不失为伟大。19世纪的黑格尔便是这样乐观地看待人类自我意识的发展，因为先前的矛盾会在历史的进步中得到解决。但是，当遭遇那些更深刻的问题时，我们无法简单地抛弃旧的思维方式，兴致勃勃地致力于建立新的、没有缺陷的概念框架，或者新的、意义纯净的科学词汇。我们不知道这些新的思维方式会是什么样子，也不知道它们能有什么用处（考虑一下如何理解意识或自由意志的棘手问题）。休谟对于揭示这些裂隙拥有一种非凡的能力，不仅仅是他那个时代的流行思潮中的裂隙，还有我们这个时代甚至我们所能想象的任何时代的思想中的裂隙。我们无法以理性的方式超越这些裂隙：休谟所抨击的理性能力的核心就在于此。这样一来，我们的处境不可避免地具有某种不稳定性。后来启发弗里德里希·尼采的同样是这种不稳定性，尼采强调人类视角（perspective）的永恒运作，[7]这可以跟休谟进行有益的对照。于是在《人性论》第一卷末尾，休谟以令人惊讶的现代或后现代口吻，为从事哲学反思做了如下辩护：

尽管我们信奉怀疑论原则，但我们应该一般地满足从事最精细的哲学研究的愿望，这非但是正当的，我们还应该顺从这种爱好，当我们在任何特定时刻根据怀疑论标准审查特定的观点，它会让我们趋于肯定和确定。相比克制我们身上如此自然的一种倾向，并防止对某个对象进行准确和充分的探究时总是会产生的信念，抑制一切调查和研究要更为容易。在这样的情况下，我们不但容易忘掉怀疑论，甚至还会把谦逊抛诸脑后，开始使用"显然""确实""不可否认"之类的词语。出于对公众应有的尊重，我们或许应该避免这样的做法。虽然有前车之鉴，我也曾陷入这种错误；但这里我要奉劝大家收起对这一点可能提出的任何反驳，并要申明，是当前关于对象的看法迫使我放弃这些表达方式，它们并不意味着独断，或是对我自己判断的自负，怀有这种唯我独醒的情感的人绝不会改变自己，更不可能成为一名怀疑论者。（*T* I.iv.7, p. 273）

我们也许会在特定时刻因特定观点而获得平衡，但必须不断提醒自己，倘若采取另外一种思路，可能会得到截然不同的结果，事实上，由于羸弱的人类理性的易错性，这是不可避免的事情。而休谟认为，这将抑制和平息任何自负与独断的倾向——我们这个时代尤其应该听取这样的教诲。

谈到道德，同样可以将关于理性的怀疑论跟关于动机和欲望的自然主义（naturalism）结合在一起。不过这里不会得出任何悲观的结果。休谟没有用有色眼镜看待人性。他要求的只是"我们的构造中杂糅了狼和蛇的成分以及鸽子的成分"（*EM* 9.4, p. 147）。他所摹画的那种人性，既有自私的一面，又不乏同情心，可以顾及与他人的共识，又会发展出各种增进安全、幸福、便利（convenience）和快乐的制度。能够建立如此美好的制度，乃是人类可以为之自豪的成就。而任何危及这些制度的东西，都会引发恐惧并遭到抵制。

这让我们注意到解读休谟的另一个切入点。乍看之下，对自然赋予之物的赞美似乎与后来让-雅克·卢梭鼓吹回归自然和"高贵野蛮人"的浪漫主义（Romanticism）同声相应，而关于理性能力的怀疑论又可以与卢梭对理性反思和理性设计的不信任产生共鸣，这位哲学家将理性斥为卑鄙、虚伪的文明世界的设计师。然而休谟的态度绝非如此。休谟非常乐意接受人类发展出的制度，以及这些制度所创造的生活"便利"。他尊崇将我们带到现有位置的那些机制。高贵野蛮人的诗意生活，或者人类社会出现之前的黄金时代，纯属幻想和虚构，它们掩盖的是一个人类用四肢爬行的真实世界，休谟的明智足以让他对此感到不寒而栗。休谟不是什么梦想家，也没有浪漫气质可言。他在政治上颇为保守，尤其不相信这样的假设：我们可以通过思想和设计为革命进行辩护，我们转转脑子想出的制度，就可以比那些长时间进化并定型的制度更优越。休谟的激进是在哲学上，而不是政治上。

休谟所代表的启蒙时代常常被称为理性时代（Age of Reason）。的确，那个时代的西方思想家们摒弃宗教慰藉，蔑视君主政治的神圣性，打破一切固定的权威，转而把目光投向教育和科学，寻求建立更加公正和民主的社会秩序。但是，即便从上面的简单概述我们也可以看到，休谟无论如何都不能被称为理性的门徒。他是一名走在他的时代之前的达尔文主义者，是进化的人性与人类情感的门徒，如果非要这么说的话。而他在哲学中的威望在于他的明察远见，一次又一次，他都如此准确地洞悉了我们的处境。 _{p.13}

2

经验主义

由此可见，所有的简单观念和印象都相互类似；而对于它们所形成的复杂观念和印象，我们可以一般地断言，这两种知觉是严格对应的。了解这种无须进一步探讨的关系之后，我希望能揭示观念和印象的其他一些性质。让我们考察一下，它们的存在状况如何，以及哪些印象和观念是原因，哪些是结果。

　　本卷的主题便是对这一问题进行充分研究；我们希望由此确立一个一般的命题，即我们所有的简单观念在最初产生时都是来自简单印象，这些简单印象与它们对应，并且由它们精确地表征。

T I.i.1, p. 4

休谟在他每一本重要哲学论著的开头，都会提出一条将心灵中的"观念"（ideas）和"印象"（impressions）联系起来的原则，印象也处于心灵之中，但与观念存在某种差别。休谟对"简单"（simple）观念和"复杂"（complex）观念作了区分。简单观念"无法再进行区分或分离"（*T* I.i.1, p. 2）。复杂观念则可以"分为若干部分"。用他的例子来说，一个苹果由特定的颜色、味道和气味结合而成，在此意义上是复合的或者复杂的，而那些感官性质本身是简单的。我们能够在想象中将各种简单观念"合为一体"，形成关于事物的观念，比如苹果，但也可能是我们从未遇到的东西，"我可以想象一座如同新耶路撒冷那般黄金铺道、宝石砌墙的城市，尽管我从来没有见过这样的城市。"（*T* I.i.1, p. 3）然而简单观念本身不是这种结合的结果。如本章开头引文的斜体部分所说，它们"来自简单印象"。这就是休谟著名的经验主义原则，即他的"派生原则"（derivation principle）。该原则承袭了中世纪的这一思想：不在感官中的东西也不会在思维或心灵中（*nihil in intellectu quod non fuerit in sensu*）。不过，休谟在表述时没有使用思维和感官经验这样的字眼，而是用了观念和印象。 p.14

　　初看起来，派生原则非常吸引人。你可以拥有关于红色的观念，但这只是因为你接触过红色的东西。你可以拥有关于桃子味道的观念，但这只是因为你品尝过桃子。只有当我们拥有活动身体的经验，大概才会产生什么部位能控制、什么部位不能控制的观念。这样的想法无疑也有说服力：只有通过关于时间的经验，我们才能思考时间，而我们对空间的思考也只能依据关于空间的经验。倘若我告诉你外头有种叫佐格（zogs）的动物，但完全解释不清佐格跟你所能经验的东西有何关联，就会让你一头雾水。甚至物理理论领域也是如此。我可能告诉你，引力波稍稍扭曲了一个一米长的物体的原子核直径，由此引发了你的想象。你可以设法进行测量，将其放大成你能感知到的结果。但如果我告诉你，这种引力波效应跟你的实际或可能经验完全不相干，那么我就等于什么也没说。

我们绝不能责怪休谟一上来就在著作中提出思想和经验之间具有某种联系。他的核心目标是给出一种关于我们知道和理解什么的理论，并且提醒我们什么是我们不知道甚至永远无法理解的。思想和经验之间的关系对这两个方面来说都至关重要。如果我们的一切思想都需要某种恰当的经验起源，或者某种只有经验才能提供的真实性（authenticity）证明，那么阐述我们能够理解什么的计划就有了出发点。而如果我们所能知道的仅限于具有恰当经验基础的东西，由此我们也就能阐述人类知识的范围与限度。在这样一种关系中寻找正确的联系，休谟不是第一个这么做的哲学家，也不是最后一个。他之前有约翰·洛克，而他之后从康德到罗素，到20世纪早期的逻辑实证主义者，再到当代，很多人都认为需要弄清楚经验是以何种方式为思想提供保证的。

印象"强烈或者猛烈"地进入心灵，观念则是"思维和推理中的模糊图像"（*T* I.i.1, p. 1）。休谟认为我们不难体会到两者的差别。休谟允许自己抛开经验的可能来源，而只考虑经验本身，或者说它们的"内在"（intrinsic）或可感性质（felt nature）。他之所以采取这种做法，大概是因为不想在研究刚开始时太过倚重对世界的常识性理解。我们认为外部世界充满处于不同空间位置的独立对象，但休谟的理论正要以这样的观念为讨论主题，因为他希望自己建立的那种新的人性科学能够对我们的现实思维方式进行探究。由此，他要避免使用任何超出原始的感受或现象之外的材料，至少在研究的开端是如此。

一些现代哲学家会说，以我们心灵"内部"的东西为起点，恰恰会让研究从一开始就步入歧途。他们会抱怨，这体现了一种"笛卡尔式"的偏见［该称呼归因于法国哲学家勒内·笛卡尔所使用的方法，特别是在1641年出版的《第一哲学沉思集》（*Meditations*）中］，根据这种偏见，相比认识其他事物，我们更善于认识自己心灵的内容，因此哲学的任务便是以内在于心灵的东西为始基，所有其他东西为从属，建立起知识与理解的大厦。他们接着会指出，这是绝大的错误。如果不理解我们在公共世界中的处境，就不可能理解关于我们心灵的任何东西。所谓"考虑我们的经验"，考虑的其实是诸如此类的东西：郁金香或桔子看起来是什么样，小提琴听起来是什么样，或者菠萝闻起来是什么样。只有通过

p.16

亲知世界本身，经验才能得到识别，才可能成为理解的对象。由英国的路德维希·维特根斯坦（Ludwig Wittgenstein）和美国的威尔弗雷德·塞拉斯（Wilfrid Sellars）以不同方式开其先声，形成了这种逃离心灵"内部"，倒转笛卡尔式优先顺序的一般潮流。[8]

倘若根据上述现代共识，休谟的著作仅仅是思想史中的插曲，包含需要由先进哲学来纠正的基本错误，那么这不免令人遗憾。所幸情况并非如此，因为无论笛卡尔式的优先顺序中包含何种需要予以反驳的东西，很大程度上都不会影响休谟对派生原则以及印象/观念区分的运用。[9]要明白其中缘由，让我暂且搁置维特根斯坦或塞拉斯的反驳，看看对休谟的处理方法提出的另一个一般性的批评。

这个反驳指出，如果休谟期望，他在印象和观念之间所作的区分能够反映经验和思想的差别，那么他注定要失败。从休谟的表述来看，譬如听小提琴和想象着听小提琴的区别，似乎就像是从近处听小提琴和从远处听小提琴的区别，或者是听小提琴和听回音的区别。相比初级经验，次级经验是"模糊的"，不那么"鲜明""强烈"或者"生动"。但哪怕再模糊的经验，我们也发现不难将它区别于对小提琴声的单纯想象或回想。而且一般而言，对事物进行思考不同于隐隐约约听到它们，抑或在泛黄褪色的旧照片上看到它们。追随维特根斯坦和塞拉斯、赞成公共世界具有优先性的哲学家很容易轻视休谟，认为他支持一种关于思维的"图像"

（pictorial）理论，相信思想在本质上是事物状况的模糊图像。

这为什么是错误的呢？当代哲学家偏向于将概念（concepts）而非观念作为思想的要素来谈论。他们也不相信概念的恰当使用等同于情景的模糊再现，抑或原初经验的回声一般的回放。因为通过使用概念，我们对情景进行描述或解释，而描述或解释并不是简单的重复：任何重复，无论清晰还是模糊，都会像原初意象或"印象"一样需要描述或解释。比如，要是你听到一种不认识的声音，如果只是在头脑中不断回想它，就无法增进对它的理解。进行心理回放或许可以唤起你的记忆，但也仅此而已。概念被认为更多地依据"规则"（rules），它们赋予我们的描述事件的能力，也被视为截然不同于对事物的被动感官反应。描述和解释是能动的过程。

如果我们遵从康德的教海，假设这些认知过程并非源自经验（尽管它们可以源自经验，比如你在观察事物时突然有了新的认识），而是从根本上对经验进行塑造，情况就会变得更加复杂。康德提醒我们注意思想和经验的那种相互渗透，导致我们通常会将事物归入各种范畴。例如，在我们眼中，周围的日常事物是坚硬的、有因果效力的、持存的，并且是独立的整体，在空间中有着确定的界限与位置。倘若我们试图以别的方式来感知它们，很可能会无功而返，或者即便这种做法奏效，得到的结果也将完全不同于我们的日常知觉。对康德来说，洛克和休谟等先前的经验主义者的基本错误在于将理解"感官化"（sensualize），使具有能动作用的概念解释等同于被动接受的非范畴经验。他们的错误还在于认为经验本身是非范畴化的，是有待解释的空白图像。而在康德看来，知觉本身在某种程度上就是思维活动。我们的知觉方式包含了思维方式。

我当然不认为休谟已经预示了康德的洞见。但要认为休谟的论述表明他和康德相冲突，也是值得怀疑的。就印象和观念的关系而言，将一种非常简单的图像理论归于休谟，这不是对休谟的解读，而是对他妄加揣测。诚然，我们必须承认通过感官对材料的接受和对接受的材料进行解释的能力之间的康德式区分，但休谟同样致力于研究这种区分，而且正如我们将要看到的，他在讨论时提到思想具有的功能（functions），这样的说法和当下的心灵哲学非常契合。我们有证据可以表明，休谟心中所想的绝不是什么图像理论，观念绝不是简单地对应于隐约的声音或者褪色的画面。

首先，休谟从来没有明确把"观念"当作图像，抑或那些可以像声音一样减弱，或者像颜色一样消退或变淡的东西。他在《人类理解研究》中做了如下对比：

> 我所说的印象一词是指一切较为鲜明的知觉，它们可以是听觉、视觉或触觉，也可以是喜爱、厌恶、欲望或者意志。印象有别于观念，观念没有那么鲜明，我们对前面提到的那些感觉或运动进行反思时，才会意识到这类知觉。（E 2, p. 97）

这段话清楚地说明，印象甚至可以是喜爱和愤怒之类的感受。而当我们愤怒时，没有迹象表明有任何事物的图像向我们呈现。休谟这些例子的共同点在于，它们在某种意义上都是我们的精神生活的基本要素，对我们来说是重要的。而这又意味着，我们要用因果词项（*causal* terms）对休谟所说的"活跃性"（vivacity）一词进行重新诠释。感到愤怒和单单考虑某人处于愤怒状态之间的显著差异是，前者促使我们做些什么，后者则否。类似地，路上看到蛇会让我改道而行，而对路上看到蛇的可能性进行考虑却不会有同样的效果。感官印象和"情感"的本性直接控制着我们的行为方式，而关于它们的思想和反思在这方面的影响充其量只是间接的。[10]实p.19际上，这差不多就是休谟所说的意思：

> 一个得到赞成的观念和一个单纯由想象呈现的虚构观念，给人的感受是有区别的：为了解释这种不同的感受，我称之为一种强势的力量（*force*）、活跃性、坚固性（*solidity*）、稳固性（*firmness*）或者稳定性（*steadiness*）。这几个词语看起来可能没什么哲学味，我只是用它们表达这样的意思：心灵的运作使我们更多地考虑事实而非虚构，这让事实在思想中更有分量，并能给情感和想象施加更大的影响。（*T* Appendix, p. 629）

由此，休谟的观点是，印象在我们的心理系统中具有特殊的功能。不同于反思和观念，印象以某种方式引导我们行动。休谟最终其实讨论了三种范畴。首先是印象。其中最典型的是感官印象，使我们对周遭环境中的各个对象产生知觉，并对这些对象的各种属性进行表征。跟洛克一样，休谟也认为我们拥有"反思"印象，即对我们自己心灵的内容的觉知，不过眼下我们对此可以存而不论。其次是观念，比如当我们回想白天的场景，就会产生观念。最后是信念和记忆。休谟用因果和功能词项来解释各个范畴的差异性。信念和记忆比单纯的想象更具"鲜明性"，这意味着更有因果力量，可以对我们施加更大的影响。它们相对也更能引导我们的行动。它们告诉我们可以期望什么东西，并引导我们进行思考。但是，它们不像知觉那样可以随时随地引导行动。

对前述区分给出这种功能解释之后，我们如何看待著名的经验主义原则，或者说派生原则，即认为所有简单观念必定来自简单印象？根据这条因果准则，为什么心灵不会包含这样一种观念，其本身不是由其他更简单的观念复合而成，也没有在任何具有印象特质的东西之后产生，而是就这么单纯地出现在心灵中？事实上，休谟本人在一段有名的话里承认，这种情况是有可能发生的。他举的例子是，有人熟知某种颜色的色调序列，但对于序列中缺失的一种特定色调没有印象。他承认，此人可以联想到"缺失的蓝色色调"的观念。不过，休谟要用派生原则实现更宏大的目标，在这样的语境中，他对这类例子显然无动于衷，视之为琐碎和无趣。

原因在于，上面的例子中，观念之所以能先于印象而产生，是因为主体恰恰能够理解，他所想象的那个对象——缺失的色调，可以向他呈现何种印象。这里，想象在经验之前运作，但主体知道经验如何跟上想象。然而，休谟恰恰要用派生原则质疑经验不能跟上的那些观念。他感兴趣的是不能在印象中呈现其对象的观念。如果我们认为，经验可以给我们的观念提供一种真实性证明，那么刚刚说的这类观念要么无法得到证明，要么难以得到证明。休谟设想了一些例子，他试图说服我们相信，不同事件之间的因果联系无法在印象中得到显现。因果联系的观念于是受到了威胁。他还想让我们相信，我们没有任何关于自我或者经验主体的印象，所以自我的观念是可疑的。类似地，他怀疑任何与属性相区别的实体的观念，而且他试图论证，如下观念并未真正得到经验的证实：在我们自身之外的空间中坐落着具有广延性的独立对象。

休谟若要完成这项工作，派生原则实际上应该换一种表述方式。根据现有的表述，它说的是印象在观念之先。但这种关系并不重要。谁是源头或者谁具有时间优先性，不是问题的关键所在。我在前面讲过，根据经验主义，我们的思想需要某种经验起源，或者由经验证明其真实性，现在我们可以更细致地对这两点进行区分。思想以经验为起源，意味着思想必定是经验的产物。而正如缺失色调的例子所表明的，后

p.21

在的印象也能可靠地证实一个观念。问题在于，是否有任何经验能够让我们亲知这些思想对象：因果关系，自我，对象的跨时间同一性，实体，以及我们应当做某事这一事实。我们完全不必理会时间优先性。事实上，我们可以看到，为了跟他自己的哲学保持一致，休谟本人就应该这么做。他不能坐在扶手椅上主张一种事物必定先于或者后于另一种事物，因为他认为，任何两个不同且分离的事件，可以按照我们所设想的任何次序发生，也可以按照毫无规律可循的次序发生，都不会导致矛盾。这是一个纯粹的经验问题，要解决它，得看这些事物有没有出现，以及事件实际上如何发生。但是，我们也许有重要的理由怀疑，某些思想对象能否在经验中显示它们自身，而这便是休谟所要追寻的宏大问题。

根据康德的观点，观念可以发挥某种整理作用，通过我们的思想范畴对经验进行塑造，否则我们的经验就会变成威廉·詹姆斯（William James）所说那样，像幼儿的初始经验一样"纷繁、嘈杂、混乱"，或者成为康德所说的"知觉狂想曲"。[11] 对于观念扮演的这种角色，休谟有他自己的见解。他指出，观念"在它们的表征中有了一般性"，当想象对它们进行呈现时，"它们立即变得必然或有效"（T I.i.7, p.24）。以休谟对思想的功能解释为背景，我们可以将他的这种说法理解为，强调我们对现象进行归类和划分所使用的那种能力，以及心灵自动产生的那些解释的有效性。因为在休谟这里，观念就像后来的哲学家所说的概念那样，可以引发基于它们的愿望和行动：看到或者看成老虎，和看到或者看成布偶或糖果，所引发的反应截然不同。他认为我们拥有一种能力，可以正确运用各种观念。我们需要切合我们所需的各种一般性（generality）对现象进行分类，休谟认为使我们能够这么做的是一种"灵魂中的神奇能力"（*T* I.i.7, p. 24）。后来维特根斯坦完善了休谟的洞见，他的论证也让我们对此感到惊叹：将旧的语词扩展应用到全新的情况，这种人皆有之的自动能力背后竟然是纯粹的偶然性。[12]

我已经强调过，当阅读休谟时，我们能够而且应该认为，他绝不是心灵哲学和经验哲学所能绕开的人物，尽管人们常常认为这些哲学已经取代他的观点。而在这样的语境中，值得注意的是，康德本人同样在苦思关于合法性（legitimacy）的问题。对康德来说，概念需要依据它们在我们解释经验的过程中所发挥的正当作用而得到证实：一切知识都要由"直观"（intuitions）或感官经验所给予的东西以及概念共同促成。与直观或感官经验的分类、解释或者预测没有原则性联系的"概念"是空洞的。康德将他自己的经验主义概括为这句著名的口号："无感性就没有对象会给予我们，无理解就没有对象会被思维。思想无内容则空，直观无概念则盲。"[13]而休谟和康德乃是同道而行。

这样，我们就准备好随同休谟来追问，我们的思维与理解的各种要素如何经得起经验主义的检验。我们的观念或概念是因为有助于经验的范畴化才具有价值吗？抑或它们只是提供某种虚假的理解，使我们陷入知道自己在谈论什么东西、理解和分清了各种事物的错觉？而且，如果我们的思维方式不像我们希望的那样毫无瑕疵，我们可以有何种补救办法，新的人性科学又该如何进一步发展？这些问题让读者开始触及休谟对哲学最杰出的贡献，即他关于事件之间的因果关系所提出的那种精妙而富有争议的理论。经验主义崭露锋芒的时候到了。

p.23

3

因果关系

对象的恒常结合，以及始终保持类似的相继关系和接续关系，并不会从中出现或产生任何新的东西。但因果必然性、因果力量和因果有效性的观念却是来自这种类似关系。因此，这些观念并未表征任何属于或能够属于恒常结合的对象的东西。无论我们从什么角度进行审视，都将发现这个论证是完全不容辩驳的。相似的事例是因果力量或因果必然性观念的最初来源，而同时，它们的相似性不会让它们产生相互影响，或者对任何外在对象施加影响。所以，要找到这种观念的源头，我们必须另辟蹊径……原因和结果之间的必然联系，是我们进行由此及彼的推理的基础。我们推理的基础是由习惯性的结合所形成的推移过程。所以这些都是一回事。

T I.iii.14, pp. 164-5

因果关系、因果力量、因果必然性和自然法则是我们解释世界或尝试理解世界的基础。它们也是休谟最著名的一项哲学贡献的主题。休谟对这些概念的最大篇幅的讨论是在《人性论》第一卷第三章，上面这段引文便是其高潮部分。休谟本人将这种讨论视为他哲学的核心，以及自己赢得哲学声望的重要资本。由于《人性论》销量惨淡，休谟面向人众写了一篇简短的《人性论概要》充当广告，而这篇概要的一大半都在谈这部分内容，并将其描述为全书的"精髓"。它决定了休谟对下述事物的态度：自然科学，我们预测和支配自然的能力，我们对一个超出即时经验直接所及范围的世界的信念，还有诸如自由意志问题，心灵与物质之间的因果交互作用，人类证言的可靠性，以及对上帝作为宇宙起因的尝试证明。

p.24

那么休谟的立场是什么呢？他首先提出，我们没有关于此事件可以引起彼事件的先天知识——我们没有关于事物的特定因果力量，以及关于任何一般的因果性原则的扶手椅知识（armchair knowledge）。这些东西有别于算术法则或者逻辑原则。对这一点的证明很简单："难道我不可以清楚明白地设想，一个从天上落下的物体，虽然在别的方面完全和雪类似，但却有着盐的味道或者火的触感？"（*E* 4, p. 115）哪怕按照最不合常理的方式去想象事件的相继关系，也不会出现矛盾。一个有才华的电影导演可以将最离奇的科幻小说搬上银幕，让原本平常的事件产生荒诞不经的结果，但即便是乔治·卢卡斯或史蒂文·斯皮尔伯格，也不可能拍摄出一个圆形的正方形，或者一个同时有三只眼睛和偶数只眼睛的人。矛盾的情况甚至无法在想象中为真。奇怪的情况则不是如此。任何一致的事情都可以在想象中发生，但对于实际发生什么、没有发生什么，我们必须参照世界的状况才能确定。要发现事件的真实情况，应该通过经验观察，而不是理性思维。

　　由此，当谈到对世界的因果解释，我们必须要做的便是揭示事件的相继关系。但这些事件实际上是什么样子呢？根据休谟的观点，当我们通过感官认知这些事件，感官直接显示或"发现"的是它们的经验性质，而不是它们的因果力量与潜能。休谟论证，如果感官真的能这样，那么我们只要对一个事件本身进行考虑，就可以知道，如果这个事件发生，预计会出现什么结果。但我们无法知道这一点。我们只能观望，只有通过经验去确定结果，而无论这些结果是什么。

　　关于什么必定引起什么，或者什么不可能引起什么，许多哲学家和经验科学家向来偏爱谨慎的实验室观察胜过先天观点或扶手椅观点，而目前所进行的论证会让这些人颇感兴趣。但休谟接着追问，实证经验真正向我们显示的是什么。他论证认为，增进的经验只会给予我们一种不断重复的事件模式（*pattern*）。它同样不能揭示任何真正将事件结合在一起的东西，即不同事件之间真正的必然关系和固定联系。对象的因果力量不是以任何简单的方式在感官中显现其自身的。吸烟引发肺癌，或者基因导致多毛，都不是仅凭肉眼可见的，哪怕我们相信确有其事。

事实上，休谟之前有许多哲学家否认，因果关系可以在我们所经验的事件之间的关系中显现。早在11世纪，阿拉伯哲学家安萨里（Al-Ghazali）就否认我们拥有关于因果关系的经验知识，而将所有真正的因果力量归于上帝的行为，上帝通过将某些事件当作产生其他事件的"机缘"（occasions），支配着世界的规律——因此这种观点被称为机缘论（occasionalism）。比休谟年长一辈的法国著名哲学家尼古拉·马勒伯朗士（Nicolas Malebranche）对这种理论最为倾心，而休谟对他的著作非常熟悉。所以，当休谟说，虽然可以看到各种事件的结合（conjunction），但它们之间使得一者成为另一者的结果的那种关联（connection），仍然是隐藏的"秘密"，这在他身上不算特别激进。我们也许可以说，事件发生的方式仅仅告诉我们，一件事接着另一件事。至于用因果关系解释事件序列，这是由我们决定的。

　　对休谟提出的论证来说，关键在于，某种事件模式的重复出现并不意味着真正向我们显示了任何新的东西——任何在单个事件中不易察觉的东西。我们第一次所见就是第二次所见，后面同样如此。不过，重复也会产生影响。它使我们这些观察者发生改变。它可以作用于我们的心理。这是如何实现的呢？重复可以导致一种功能性（*functional*）变化，简单总结来说，就是"我们不假思索地预言一事件在另一事件之后出现，并不假思索地运用这种唯一能让我们确信任何关于事实或存在的问题的推理"（*E* 7, p. 144）。所谓功能性变

p.26

化，不是指我们变得能够感知事物的因果力量，或者对于事件为何"必定"具有它们所具有的模式能够获得一种印象。这种变化仅仅是，我们变得擅长预测什么事件跟着什么事件，从而自然也就善于促成或者避免某些事件，根据自己的利益对事件进行控制。休谟的一些说法似乎暗示，给予我们因果必然性观念的是一种内在印象或"反思"印象。但这其实不是休谟的意思，他坚定地认为，我们自己心灵的运作只是揭示事件在我们心灵中的单纯结合或相继，就像对外部世界的观察揭示事件在外部世界中的结合。休谟特别忌讳这种想法：我们自己的能动性（agency）可以揭示额外的东西。贝克莱曾认为，因果观念就是关于我们自己使事情发生的意志和能力的观念，并得出了一个尽管出人意料但却没有矛盾的结论：只有心灵或精神可以让事情发生。[14]休谟完全拒斥这样的观点。我们心灵中的变化只是一种新的联合，当我们对观察到的事物进行因果解释，就表露或表达了这种联合。因果关系是我们对一件事将会在另一件事之后发生的信念的一种投射（projection）。

在结束对因果关系问题的两个主要讨论时，休谟多少有些心怀歉意地提出了原因的"两个定义"。这些实际上不是严格的定义，但它们凸显了休谟理论的两个不同侧面。一方面是世界所展示的东西：事件的相继关系中的规律性。另一方面是心灵如何对待这种规律性：我们的心灵发生变化，在想象中将两个事件联合在一起，于是"对一个事件的观念决定心灵形成对另一个事件的观念，并且对一个事件的印象也会决定心灵形成对另一个事件的较为鲜明的观念。"（*T* I.iii.14, p. 172, also *E* 7, p. 146）。

由此，休谟的因果关系理论包含四个要素。首先是本然的心灵（innocent mind），能够认知事物的感官性质，并能记录事件的模式。其次是由自然提供的模式本身，通过这些模式，一些事件以可预测的方式有规律地在另一些事件之后发生。再者是心灵的功能性变化，由此当重复模式的前一个部分向心灵呈现，心灵能够预见将要发生的变化，或者当这前一个元素出现，可以预言将要发生什么变化。最后则是谈论因果关系、因果力量、因果必然性或者因果效力时，对这种功能性变化的语言和认知表达。然而，这些要素中没有一个给了我们任何关于因果关系、因果力量抑或因果必然性的印象，所以根据经验主义原则，它们也就没有给我们提供任何关于这些会是什么东西的观念。我们也许可以说，我们的理解仍然处于经验模式的层次，但与这些模式的反复接触，使我们能够熟练地处理它们——而这包括用因果词项谈论它们。

我们要把握的一个关键点是，休谟的因果关系理论具有形而上学保守性（*metaphysically conservative*）。休谟所说的心灵变化不是开始知觉某种新的东西，即事物之间的某种事实或关系。我们的视野中完全没有新东西，而且由于没有产生新的印象，也就没有产生对任何事物的新观念。最终出现的仅仅是我们反应的变化：对于我们所知觉的各种事件以及

044

事物的各种属性和关系，我们获得了一种不断强化的处理能力。如果对比一下休谟就美德和责任等伦理学主题所提出的同一种理论，那么或许有助于我们理解。在伦理学的情形中，同样是本然的心灵，能够感知经验情况。同样由经验情况的印象或观念导致一种心灵变化：这里的变化是产生喜好或厌恶、赞赏或反感的"情感"或"激情"。最后是表达这些情感的社会实践，由我们通过道德语言来完成。这种理论的全部要素就是如此，而它同样具有形而上学保守性：不存在一个我们可以通达（access）的伦理事实"领域"（realm），也不会随之遭遇那些神秘的问题，诸如这个领域的产生原因是什么，我们为什么要在意它，或者我们如何通达它。存在的只是经验世界，还有我们自己，我们能够对经验世界进行记录，但也能对它做出反应，并且需要相互表达和讨论这些反应。我们的"伦理化"（ethicize）倾向和我们的"因果化"（causalize）倾向如出一辙。[15]

　　以上我只是介绍了休谟观点的大致轮廓。在这样的总体框架中，可以填充大量细节。例如，休谟想知道，我们要形成事件之间具有因果联系的想法，是否总是以成对的事件在现实中反复出现为必要条件，而他也承认，由于先前的经验，我们有时会直接得出因果解释。我们无须过多重复：只要我们状况良好，一个例子就可以给心灵留下印象，就像一个孩子被灼伤过一次，以后就能引以为戒。类似地，休谟认识到因果关系的复杂性，我们只有经过增加、减少和改变元素的精细实验，才能掌握它们的运作机理（*T*I.iii.15, pp. 173-5）。他给经验心理学留下了充分的空间，比如研究确定时空间隔是否会减弱或消除我们用因果关系解释事件序列的倾向。[16]但这些工作都不影响休谟理论的一般框架，尤其是可以完整保留具有重要地位的形而上学保守主义。

显而易见，休谟将*我们*纳入了他的理论图景当中。休谟知道这是一种令人吃惊的激进观点。他评论道："我感到，在我已经提出或者有机会在本书后文提出的所有与常理相悖的观点中，目前这种观点是最为极端的。"（*T*I.iii.14, p. 166）他想象人们因常识受到触犯而提出抗议："什么！因果效力竟然是由心灵决定的！照这么说，离开心灵就完全不会有因果作用，若不是存在着的心灵对它们进行思虑或者推理，它们就会停止运作。"（*T*I.iii.14, p. 167）

不过，事情没有坏到这种地步。休谟不一定是要说类似这样的话：如果人类不存在，就不会有一个事件引发另一个事件这回事。由此，假定我设想在一个尚未出现人类的世界里，太阳照射着一座冰山，那么我也会倾向于想象这座冰山吸收热量，然后融化或分解。我会认为，我们出现之前就已经有这种模式，并预计我们消失之后它依然成立。我可以用这样的话来表达我对它的确信：太阳当然一直在提供热量，并将继续用暖光照射冰山，最终往往使它融化或分解。但是，当我说出这些话，我不可避免地要使用自己的头脑，而我的头脑受到向它呈现的事件模式的塑造。（我可以类似地

p.29

说，某个没有人类的世界是好的或美的、坏的或丑的，以此来表达对自己所想象的世界状况的情绪或情感取向。）休谟同样可以谈论未知的和隐藏的因果关系，这意味着我们尚未在经验中接触到某些事件模式，可能是因为观察不够，也可能是因为没有注意到其实已经重复出现的事件模式。

有些哲学家对休谟提出异议和反对，认为他对我们严格遵循的东西所作的解释有明显的局限性，事件之间的因果关系实际上是可以观察到的：比如，我们直接可以看到有人在那推搡、拉拽和扭打。但休谟正确地指出，因果解释不仅仅事关眼下的场景。因果关系所施加的影响及于过去和未来。因果关系（球的撞击使玻璃破碎）与反事实关系（counterfactuals）（如果没有受到球的撞击，玻璃就不会破碎）之间有着密切联系，甚至可以等同起来。然而，我们无法观察到反事实的情况为真：我们只能看到现实情况，而看不到如果事情有变会出现什么状况。

还有一种观点是，我们的因果解释能以某种方式进行回溯，从而调整我们的实际视觉经验或其他经验。由此，看到一个事件引发另一个事件，不同于单纯看到一个事件在另一个事件之后发生。但这只不过意味着，通过感知处于我们知觉的基础层次的事件模式，我们对事物的经验方式得到了调整。即便接受这一点，休谟也无须做出让步，认为在他乐于视为感知对象的变化模式之外，还可以观察到任何形而上学事物。考虑一下，怀着恐惧看见一条蛇不同于单纯看见一条蛇，但这种区别不在于有什么另外的东西被看到。同样，看见球撞碎窗玻璃（导致一种现实的变化），不同于单纯看见球飞向并且碰到窗玻璃，然后窗玻璃破碎。但如果这种区别就在于"因果地"感知该事件序列，那么休谟完全可以坦然处之。这只是心灵的另一种功能性变化，而不是我们对某种新材料的接受。

那么自然科学呢？自然科学发现的难道不是事物的因果关系吗？可以说是，也可以说不是。说是的原因在于，科学可以发现新的模式，诸如质量和速度、深度和压强或者钟摆长度和摆动周期等之间新的函数关系和数学关系。然而，当涉及它所揭示的这些模式背后的理由，我们在某种意义上就得说不是。科学绝对无法告诉我们，实际如此的现象为什么必定如此。我们始终依赖于出现的模式。除了这些模式，我们可以另外发现更多的一般模式。但这只是不断增加相同的东西罢了，我们绝没有因此获得一种启示、一条原则抑或一个洞见，有着纯粹的逻辑或数学定理般的地位，其在我们周遭世界中的出现不仅是实然之事，还是必然之事。我们永远得不到这种理性洞见。它代表了一个迷梦，或者一种幻觉，一种对安全感的渴望，这种安全感无法由世界给予。

失去这个迷梦是令人痛苦的。当我们虑及运行不辍的自然秩序时尤其如此：任时空在一片混沌中变换，事件总是以同样的方式发生，这是多么值得庆幸的事实。我们这个世界是由统一性（uniformity）主宰的。然而，如果我们希望对某种事实或"东西"、某种法则或者奇妙的恒久约束有所理解，从而可以解释这种惊人的统一性，那么我们注定要失望。我们完全不知道自己在寻找什么，而且即便找到也不知其为何物："我们对这种联系没有任何观念，当我们试图理解它时，甚至完全不清楚自己想要知道的是什么。"(*E* 7, p. 146)

p.31 那么，休谟是否就否认，必定存在某种东西可以解释这种持续的自然统一性，或者只要我们能够把握它就可以进行解释？在因果关系问题上，他跟一个独断的无神论者没有两样吗？非也。休谟对此既不否定也不肯定。既然我们对这种"东西"是什么毫无概念，那么无论我们认为它存在与否，都没有意义。"我确实愿意承认，物质对象和非物质对象都可能有一些我们全然不知的性质；只要我们高兴，尽可将它们称为因果力量或者因果有效性，这对世界而言是无关紧要的。"(*T* I.iii.14, p. 168)作为一贯的怀疑论者，休谟最大的乐趣莫过于提出一个超出人们理解的问题，所以，无论我们自以为是地说存在或者不存在"那种东西"，都完全不重要（到第九章我们会发现，休谟在关于上帝的问题上采取了完全相同的策略）。与此同时，他对人类状况保持了一种谦逊的看法：

> 人类理性公认的最终目标是，依据类比、经验和观察进行推理，从而将产生自然现象的各种原则还原成更为简单的原则，并将诸多特殊结果归结于少数一般原因。但如果我们试图找出这些一般原因的原因，必定会徒劳无功；

我们也绝不可能通过任何特定的解释而把它们弄清楚。这些终极的根源和原则，与人类的好奇心和探索完全绝缘……最完善的自然哲学只是让我们暂时免于无知，而最完善的道德哲学和形而上学的用途也许仅仅在于发现我们更大的无知。由此，全部哲学的成果就是洞察人类的盲目和软弱，不管我们如何想要逃脱和躲避，它们都会如影随形。(E 4, pp. 111-12)

休谟关注的焦点是，我们如何能和不能在哲学推理中利用关于因果关系的观念。自亚里士多德以降，哲学家们意图表明，这些属于一般的"理性"原则或先天原则：单纯的物质活动不能产生心理事件；物质世界的存在不能没有原因；坏的事物不能产生好的事物；人类的行为不可能是先前环境所导致的结果；任何自存（self-subsistent）的东西必定是不朽的；运动只能来源于运动；因果关系必定是将某种性质从原因转移到结果。休谟将这一切一扫而空。先天原则根本就不存在。但他也说明了，人类的经验探究所能获得的东西是有限度的。对一种"万物理论"（theory of everything）的期待最近成了时髦话题。休谟告诉我们，不可能有这样的理论，因为每一种解释性理论都必将依赖于某种纯粹偶然的东西，而理论本身就可以向我们显示这一点。只可能有一种关于事物的理论，那就是在其内部不把自己视为理所当然的那种理论。

p.32

p.33

4

知觉与外部世界

怀疑论者虽然相信甚至断言无法通过理性为理性辩护，但他仍然在不断从事推理；同样，他虽然不能宣称有任何哲学论证可以维护物体的真实性，但他不得不赞成关于物体存在的原则。本性在这方面没有给怀疑论者留下选择的余地，而且毫无疑问认为这件事太过重要，不能交托给我们那种不确定的推理和思辨。我们可以追问："是什么原因导致我们相信物体的存在？"但"物体是否存在？"却是一个空洞的问题。那是一个基点，我们的一切推理都必须将它视为理所当然。

T I.iv.2, p. 187

《人性论》第一卷第四章第二节"论关于感官的怀疑论",大概是全书最难的部分。休谟被贴上怀疑论的标签,首先要归因于这一节。在注解哲学典籍方面卓有成就的乔纳森·本内特(Jonathan Bennett)虽然认为这一节的讨论"完全是失败的",但还是承认,"其深度和广度以及饶有节制的复杂程度,使之成为现代哲学中最具启发性的论证之一"。[17]我不赞成完全失败的说法,但确实同样认为,除了康德的《纯粹理性批判》可能是例外,这一节是现代时期对知觉问题最为深刻和最有见地的研究,至少直到20世纪末还是如此。要读懂这部分内容,首先要充分把握它所处理的问题是什么。

p.34

　　关于知觉(perception)的哲学问题可以这样来表述。是知觉向我们呈现世界。有了知觉,我们可以让自己通达世界,或者更具体地说,通达的是可视场景(visible scene),或者分布在周围的、显示出各种可视属性(visible properties)的事物(为便于讨论,我只讲视觉,但我们绝不能忽略其他感官)。而初看之下,我们的经验是一回事,我们经验到的东西则是另一回事。比如说,我们的经验是受到我们自己控制的;我们可以改变视野的方向,而且很容易就可以让视野消失,只需闭上眼睛即可。但周围分布的对象保持着原样。还有一些常见的状况,比如幻觉、错觉、复视,或者摘掉眼镜后视线模糊,也会促使我们承认,我们怎么看事物和事物是什么样之间是有区别的。

休谟注意到，经验和经验对象有两点差异。我们的经验依赖于我们，周围分布的物体则不依赖于我们，或者不以同样的方式依赖于我们。而且，分布的物体具有连续性，经验则否。当我们眨眼，物体并非一会儿存在，一会儿不存在。

休谟相当有力地论证，我们的经验或"知觉"依赖于我们，依赖于"我们的器官，以及神经和灵魂的构造"（*T* I. iv.2, p. 211）。他援用的例子是，我们压迫眼球时可以看到重影，但他显然认为这点是不言而喻的，可以"通过无数其他同类实验"得到证实。由此，设想一个处境颇为不寻常的人。这个人在良好的光照下，面对着一枚置于黑色背景前的鸡蛋，他看到鸡蛋完全没有异样。不过，他偶尔会闭上眼睛，隔一小会再睁开。根据事先不为他所知的安排，在某些间隔中，鸡蛋会替换成全息影像，看起来和原来的鸡蛋没有分别。而在另外的间隔中，一名专业的神经生理学家会对植入他视觉皮层的电极进行刺激，以产生第三种不可分辨的视觉经验，使得他睁眼时仍旧像看到一枚黑色背景前被照亮的鸡蛋。只是在这种情况下，既没有鸡蛋，也没有鸡蛋的全息影像。让我们将这一系列情形称为"鸡蛋系列"。

上面的例子中，无论主体什么时候睁开眼睛，他的视觉经验都没有区别，然而外部分布的事物大不相同。只有第一种情形出现了鸡蛋。但由于从主体的视角来看，三种情形无法分辨，我们自然也可以认为，这是以三种不同的方式产生相同的视觉经验，或者休谟所说的"知觉"。说到底，主体无法单凭视觉辨别自己处于三种情形中的哪一种。他知道自己在看什么东西——他面前俨然有一枚被照亮的鸡蛋，但世界可以出现不同的状况，都可以和事物在视觉中呈现的样子相容。而一旦我们这么说，知觉问题就产生了。正是通过这样的经验，世界才向我们显示。但是，如果就像刚刚提到的那样，同一种经验可以和周围世界的多种迥然有别的分布状况共存，那么经验如何能够具有显示世界的能力呢？

约翰·洛克对这个问题给出的解决办法大概是最容易理解的，而它也是休谟在这一节的主要批判对象之一。[18]洛克的观点接受经验与实在之间的区分，或者说假设了休谟所称的"双重存在"（double existence）。这种观点承认，在鸡蛋那样的例子中，就主现层面而言，给予的完全是相同的不可分辨的视觉经验。但它主张，在这种经验的基础上，我们可以假定（posit）或者在理论上接受一个独立的、相对恒久的外部世界，这个世界的变化无须反映在主体具有间断性的经验当中。它是主体经验的融贯、相对稳定和独立的对应物，而不管怎么说，主体经验对它有着充分的表征。倘若这种假定或理论站得住脚，外部世界的存在就可以成为经验现象的最佳解释，从而也值得我们相信。如今持这种观点的哲学家仍然不乏其人。

然而，上述观点有严重的缺陷，严重到休谟认为洛克版本的双重存在理论"对理性和想象来说都没有直接的吸引力"（*T* I.iv.2, p. 211）。它包含如下这些问题。首先，它似乎把我们的处境类比于永远困在剧院的观众的处境，经验在一个"感官系统"（sensorium）或内部空间里变动不居，然后试图仅仅在这样的基础上，做出关于感官系统之外的东西的假设，无论这种东西是什么。对于由此构想出的任何"理论"，都不难提出质疑。假设一位理论家说，内部空间外面的东西和里面的东西是类似的；另一位说，外面的东西并不类似于里面的东西，而只是引起它们；第三位则说，外面不存在对象，只有一个神灵或者恶魔，用意志支配我们的经验过程。对于这样三位理论家，怎样才能判定孰是孰非呢？此外，我们已经讨论过，休谟的经验主义不允许他对处于经验领域之外的事物有任何可理解的观念。我们的经验是其所是。它们完全不能"开显"（disclose）一个不同的世界，或者使这样的世界显现，或者让我们能够透过它们看到这样的世界。按照双重存在理论，我们与世界相隔绝，甚至对于我们的经验表征的应该是什么东西，我们也一无所知。而且，考虑到上一章休谟对因果关系的解释，我们绝不能说我们的经验是由另外一种东西所引发的，除非我们能在某种程度上揭开知觉的面纱，"经验"到经验本身，并且"经验"到引发经验的世界。对休谟来说，由于没有先天的、非经验的途径可以获取因果知识，若要对一个事件序列进行因果解释，既要通达前面充当原因的事件，又要通达后面的结果。我们的处境就好比在没有看到画像和被画之人的情况下，要说出画像和被画之人有多么相像。所以，倘若我们如同永远困在剧院中的人，就不可能知道，是外面的什么东西引发了里面所展现的事件模式（在现实的剧院中我们当然可以知道这一点，但那是因为我们通常在剧院之外生活）。

大多数现代哲学家都赞成这种看法，不少人还进一步指出，所谓的私有经验（private experience）世界甚至无法成为思想的对象。而既然它不能成为思想的对象，就不会为了解释它而进行推理或者提出假设，也就不会有那种促使我们相信存在一个独立的对象世界的心灵活动。我们在第二章将这个论证归于路德维希·维特根斯坦和威尔弗雷德·塞拉斯，虽然休谟的著作中找不到这个论证，但它可以给休谟提供支持，帮助他彻底拒斥洛克式的理论。这个论证旨在表明，只有凭借那些主要应用于外在世界中的事物及其属性的概念，关于我们自身经验的思想才能存在。"鸡蛋系列"中的主体可以认为，"瞧，我前面有个鸡蛋"，但如果他知道自己的处境，他也可以想到，那也许不是一枚鸡蛋，而只是看起来仿佛前面有一枚鸡蛋。但即便是产生后一种思想，该主体也需要具备一种能力，这种能力的出发点是，直接认同旁边有时候会有鸡蛋并且能够辨认它们。所以，不存在一个没有渗入关于对象的思想的起点，可以给一种相信对象存在的理论提供基础。这可以对照平常的"理论假定"：在自然科学或者历史学中，我们可以毫无争议地掌握证据，并能在进行理论解释之前获取和鉴别证据。对于经验和外部世界，情况就不是这样了。

p.37

洛克的理论之所以对我们的想象没有真正的吸引力，是因为它没有给我们提供我们希望从知觉得到的东西。我们希望世界对我们是可见的。我们的经验可以揭示它。经验不是世界的替代品，不是隔在我们和世界中间的一道屏障，一种用它自己替代外部场景的图像。准科学（quasi-scientific）理论的出发点不是我们的经验，因为对事物状况的经验使我们能够摆脱理论。我们的视觉如果不带有它所表征之物的标记，就不可能是其所是：对"鸡蛋系列"中陷入幻觉的那个主体来说，前面似乎始终有一枚鸡蛋，而这样的解释直接渗入了他的经验。通过这种方式可以说明经验到底是什么。休谟一直主张，"向感官呈现的图像对我们来说就是真实的物体"（T I.iv.2, p. 205）。经验是透明的（*transparent*）。正如我们通过透明的窗户看到屋外的景象，并且很少意识到窗户本身，我们也是这样通过透明的经验看到世界。经验不是某种遮挡外在世界的东西，以致外在世界只能被猜度。它本质上是起一种显示作用。

在休谟之前，乔治·贝克莱主教已经对洛克提出许多反驳，他还论证，洛克的"双重存在"理论会倒向彻底的怀疑论，将我们经验到的世界归结为"虚假的幻光"（false imaginary glare）。[19]然而，贝克莱作为替代立场提出的观念论相比洛克是一种倒退，更加不能令人满意。在贝克莱看来，一切都是经验。没有任何"物体"或物质。世界就是我们所表征的样子，但那是一个观念或经验世界，其元素本身都是存在于某个心灵中的心理项目（mental items）。这些元素可以恰如其分地归入各种模式，使我们能够预测和行动。但整个世界别无他物。休谟认可贝克莱的论证，却完全拒斥他那种难以置信的结论。我们确实相信"物体"的存在。而且我们必须有这样的信念。本性对我们来说太强大了。

现在困境摆在我们面前。一方面，我们必须恰当处理以"鸡蛋系列"中的主体为例说明的那种现象，这种现象迫使我们区分经验和通常的对象或"物体"，比如真实的鸡蛋。另一方面，我们无法接受由此得到的一种理论，即双重存在理论。但我们也无法容忍任何其他理论，因为仅有的"单一存在"（single existence）理论便是贝克莱那种毫不足取的理论。

这也是休谟缜密思考的历程。最终的结果是不幸的：本性迫使我们相信某种我们稍加反思就认为不可能为真的东西。它迫使我们认为，知觉如我们所知具有依赖性（依赖于我们自己）和间断性，同时又等同于（*identical with*）外部世界的独立和连续的对象。我们显得好像认为，我们的知觉或经验本身"在一切中断的表象中仍然保持同一和不间断"（*T* I.iv.2, p. 216）。只要我们进行反思，就知道并非如此。可我们不得不设想它们就是这样，由此才能言谈、思考和行动。

这与其说是一个关于经验和对象之间关系的理论，不如说是一种告诉我们没有融贯理论时该怎么办的观点。休谟对此非常清楚：

p.39

　　对理性和感官的这种怀疑论式的疑虑，是一种永远无法根治的痼疾，不管我们怎样加以驱除，甚至有时仿佛已经彻底摆脱，它还是会时刻在我们身上复发。无论根据什么体系，都不可能为我们的理解和感官辩护；而且，当我们试图以这种方式证成它们，只会进一步暴露它们的弱点。这种怀疑论式的疑虑是对这些主题进行深刻和彻底的反思时自然而然产生的，无论我们的反思跟这种疑虑相合还是相悖，反思越深，疑虑也就越深。能够解救我们的，唯有不在乎和不留意，所以我完全只能依靠它们。不管读者此刻的意见如何，一个小时以后他自然会相信，外部世界和内部世界都是存在的。(*T* I.iv.2, p. 218)

这里的情况比归纳法和因果关系的情况糟糕得多。那里的问题是，我们本性的一些方面无法由理性来"证明"。我们从事着某些推理，但无法表明它们是可能的。而在这里，位居关于自我和世界的全部观念的中心，我们赞成某些信念，却发现它们不仅是不可能的，而且是明显矛盾的。我们不由自主地拥有这些信念，却又无法加以补救，"能够解救我们的，唯有不在乎和不留意"。

　　这里的情况也比之前人们所称的"怀疑论"哲学的情况更坏。所谓的笛卡尔式怀疑论的出发点是，笛卡尔担心他的所有经验可能都是邪恶精灵造成的：除了幻觉和错觉，这个恶魔没有给他任何东西。笛卡尔本人尝试诉诸一个良善的、从而不会欺骗的神灵来证明情况并非如此，否认这种不可靠的证明之后，笛卡尔式怀疑论得出的结论是，我们无法排除关于恶魔的假设，因此不知道我们处于一个由独立对象构成的外部世界当中。这可能会让我们担心，也可能不会：恶魔假设对我们来说毕竟太过不可思议，我们可以忽略它继续生活。但休谟将我们置于更加糟糕的境地。笛卡尔式怀疑论是说，事情可能不是我们所认为的那样。休谟则是说，事情不可能是我们所认为的那样。我们不是失去了安全感，而是不得不接受谎言。类似地，古代的经典怀疑论试图让我们相信，在重要的理论问题上，总是会出现相持不下的意见，正反两方的论证同样有力，所以唯一明智的做法就是避免做出肯定的承诺，并且悬搁判断。相比之下，这种观点同样不算极端。对休谟来说，不存在势均力敌的相互对立的论证。论证指向的方向只有一个，它确凿无疑地表明，我们对世界以及我们在世界中的位置的日常观念都是虚假的。

p.40

如果我们认为，在洛克与贝克莱之间还有第三条出路，也许问题的产生完全归咎于某个隐藏的假设，只要使这个假设失效，问题就可迎刃而解，那么休谟在这一节的成就将要大打折扣。不少现代哲学家认为这样的出路确实存在，只要对造成问题的思想进行分析，问题就不难解决。

颇具讽刺意味的是，一些人的建议不过是强调经验的透明性。但正如我们已经看到的，这是休谟自己的理论的一个核心主张。它是我们必须拒斥双重存在假设的缘由所在，"向感官呈现的图像对我们来说就是真实的物体。"这些人对透明性现象津津乐道，好像单凭这一点就可以解决问题，但他们只触及了问题的一半，而完全忽略了另一半，后者告诉我们问题不可能依据透明性得到解决。

一种更好的建议是，休谟所说的"经验"这个词或者"知觉"这个概念本身包含错误。麦克白问道："这是一把匕首吗？我看到它在我前面，握柄冲着我的手掌。"他提出了一个很好的问题。"鸡蛋系列"中的主体也可以类似地询问，这是一枚鸡蛋还是一种单纯的幻觉。"这"（this）这个词听起来似乎无论如何都指向某种事物。这样的想法诱使我们把经验当作"事物"——由此，这些事物必定要么等同于外部事物（沉重的？昂贵的？锋利的？），要么完全是另外的事物，而这两种意见都站不住脚。但如果我们是受语法的误导，并且能够拒斥这种做法强加给我们的图景呢？我们可以转而提出，我们处理的是主体的知觉过程或心理状态，而不是某种私有空间中的事物。这样一来，"内部剧场"的隐喻就瓦解了，我们也许可以努力得到一种更理想的模型，优于休谟和其他早期现代哲学家共同持有的那种模型。休谟将"事物性"（thinginess）归于知觉，这是无可否认的；下一章我们又将看到，他甚至认为，单个的知觉经验有可能独立存在，不属于任何心灵。但如果我们诉诸个体的心理状态来考虑问题，就不会如此：经验状态不能独立于主体而存在，就像凹痕不能在没有凹陷表面的情况下存在。

也许这就是解决问题的起点。但前方并非一片坦途。我们可以试着认为，视觉状态是不包含"这"的状态，它可以是或者不是一枚鸡蛋或一把匕首。问题在于，"鸡蛋系列"以及类似的现象仍然表明，无论我们怎么考虑这些状态，它们和世界状态之间都有一道鸿沟。"我们不得不做的事"（what we have to go on）和我们相信的事（what we believe）之间是有缺口的。如果像休谟指出的那样，我们对这种缺口的态度不一致，有时候当它是封闭的（透明性），有时候又当它是开启的（当我们反思视觉经验的依赖性时），那么不管我们是否认为经验是主观的私有空间中的事物，我们的处境都会像休谟所说的那样糟糕。

有些哲学家采取了不同的思路。他们提出，在"鸡蛋系列"的三种无法分辨的情形之间，实际上没有任何值得注意的共同点。当鸡蛋放在前面并被看到，主体所处的状态是：看见一枚鸡蛋。当前面什么都没有，他处于一种不同的状态：产生对鸡蛋的幻觉。在全息影像的情形，他又处于另外一种状态：看见一个全息影像而非鸡蛋。如果我们依据视觉状态的对象对它们进行"分类"（type），就应该摒弃这样的想法：对知觉哲学来说，三种情形具有某种重要的共同点。由此，困扰休谟的所有问题都可以顺利得到解决。[20]

p.42

这也是最近流行的一种思路，表面上看颇为可行，实则并非如此。诚然，我们可以根据对象来给视觉状态分类。我们可以说，看见一枚鸡蛋和产生对鸡蛋的幻觉是不同的视觉经验。但是，"鸡蛋系列"的三种情形之间确实有某种共同之处。在每一种情形中，事物看起来都是相同的、不可分辨的。在主体眼中都有一枚鸡蛋的样子。而我们似乎不可能否认，事物看上去是什么样子或者呈现出什么样子，具有重要的认识论意义。事物看上去是什么样子最好能给它们实际上是什么样子提供可靠的证据。所以我们依然面临这如何可能的问题。倘若应对该问题的唯一办法是，有时候将事物看起来的样子等同于它们实际的样子，当这种做法难以为继时，再想着把两件事分开，那么休谟的话将再一次应验，我们又面临陷入矛盾境地的危险。

我相信，更合理的做法是，坦然接受"鸡蛋系列"三种情形中的经验具有同一性，然后换一种方式强调出现真实鸡蛋那种情形的首要地位。视觉系统的应有功能是让我们能够了解事物的状况。它使我们成为一种优良的装置，可以发现鸡蛋、它们相对于我们所处的方位以及它们的可视属性。它有时候会被欺骗，但这并不碍事，就像能够分解糖的消化系统可能被欺骗，将某种非糖物质当作糖，或者甚至在没有食物可消化的情况下开始蠕动，因为有科学家操作电极对它进行刺激。我们用不着说，各种情形中消化系统的蠕动是有差别的。视觉的有效运作体现在，它为我们挑选出各种特征，使我们得以在周遭环境中行事。而我们在环境中的活动极为成功（不妨试试在不使用视觉或其他感官的情况下做同样的事）。只是当我们依据并列或等同的内部"空间"和外部"空间"来构想"视觉经验"和"事物状况"，我们才无法提出一种关于视觉如何运作的一致理论。如果我们能知道如何对视觉过程进行反思和推理，而不会让自己陷入这样的困境，当然是一件好事，但围绕该话题已经产生了大量文献与争论，证明好事绝非易事。

p.43

休谟在这方面的讨论集中在《人性论》第一卷的最后部分，并且对应《人类理解研究》最后部分的论述，尽管后者的论调有所缓和。他当然没有否认，自己有权基于外部世界的存在进行思维和言谈，而且他从这些观点出发的所有著作都符合将外部世界视为当然存在的常识。但我们不能忘记，这种研究得出的结果是令人气馁的。休谟内心认为这是理性失败的标志。由此可以表明，即便是知觉这样的寻常问题，如果我们追究太深，最终也会陷入混乱和矛盾。是故我们要克制对理论的欲望，须知哪怕在最平淡无奇的日常事务上，自然信念都有着至高的权威。

p.44

5

人格同一性与自我

就我而言，当我最直接地探究我所说的自我时，总是会发现各种特定的知觉：炎热或寒冷，明亮或昏暗，喜爱或厌恶，痛苦或快乐。如果没有知觉，我任何时候都不能抓住自我，而且除了知觉，我不能观察到任何东西。当我的知觉消失一段时间，比如在熟睡时，我在那段时间就觉察不到自我，因而确实可以说它不存在。当我因为死亡而失去一切知觉，身体荡然无存，不能思维，不能感受，不能看，不能爱，也不能恨，我便完全湮灭了，我想不出还需要什么条件才能让我彻底化为虚无。倘若有人在经过严肃而无偏见的反思之后，认为他对自我有不同见解，那么我只好承认，无法再继续和他说理。我最大程度所能接受的是，他或许和我一样都是对的，而我们

在这方面有根本的分歧。他也许可以知觉到某种
单纯而连续的东西，并称之为自我；但我确信自
己身上没有这样的原则。

T I.iv.6, p. 252

上面这段话表达了休谟关于恒久自我（enduring self）
的观念所遇到的难题，恒久自我是拥有各种知觉的主体，经
验和情感的所有者，会产生意愿、进行思考和制定计划的能
动者。根据支配印象与观念的经验主义原则，休谟的问题
是，我们是否拥有可以证实这种观念的"印象"，而他的结
论明确予以否定。我们当然把自己看作某种非常确定的东
西，我们会期望自己去做某些事情，或者期望某些事情发生
在自己身上。这不同于期望某人或其他人完成一件事，或者
期望一件事发生在某人身上，这个人可能是我们自己，也可
能不是。休谟认为，我们这种思维倾向是某种源于想象的结
果，涉及对某种虚构之物的默认。他相信，我们的知觉可以
通过类似关系、连续关系以及因果关系联结起来。我们的思
想、经验和情感并非"固定不变和持续不断"，但我们在想
象中以某种方式消除了变化，并且自然而然地虚构了一种隐
藏在它们背后的、没有间断的绝对同一性。我们使自己确
信，变换的场景发生在同一的剧院里。

p.45

关于跨时间的人格同一性（personal identity）的形而上学问题通常可以这样来表述。我像动物一样度过一生，自然地经历成长、变老以及衰亡的整个过程。无论是身体上还是心理上，我和曾经的那个小男孩几乎毫无相像之处。那么，究竟是什么（如果有的话）使得我和他确实是同一个人？是什么"统一关系"（unity relation）将我生命中前后相继的各个阶段结为一体，使之成为一个人的人生？在休谟之前一个世纪，约翰·洛克已经提出了这个问题，并确定有两种可能的回答是不成立的。[21]首先是诉诸一种不变的"实体"，比如灵魂或类似灵魂的东西，使得在不断变换的身体和心理活动底下，有一个不变的我悄然保持连续。这种做法无济于事，因为即便形而上学实体发生变化，难道我的意识就不能保持连续吗？也许上帝每天都改变形而上学实体，但我的自我一直延续。换言之，没有任何原则可以将这种"实体"的同一性与我的经验和记忆联系起来。其次是援用躯体连续性（animal continuity），即一个呈现变化的动物所具有的那种单纯的生物连续性。这种做法虽然优于前一种做法，但仍然不足以解决问题，因为我们可以设想，我所是的那个躯体被另一个主体所接替。我的大脑经过改造，可能成为疯狂的宇宙科学家在地球的传声筒。那么它不再是我。鉴于这种可能性，洛克的论断是，答案必定在于对过往行为和经验的持续不断的意识。接替和改造可以使意识中断，但只要没有发生这样的事，记忆的链条就可以将我和先在者的活动联结在一起，我们就是同一个人。人格同一性取决于当前的心灵状态和过去的心灵状态之间的关系。

跟他的一般取向相一致，休谟担心的重点不是形而上学问题。让他感到困扰的是我们如何思考人格同一性，而非人格同一性是什么。他关注的是我们的想象如何运作，而非世界如何运转。不过，他跟洛克一样认为，就我们如何思考自我而言，关键在于弄清心灵的联想倾向如何作用于构成我们的意识生活的知觉序列。事物和人格的"不完全同一性"（imperfect identity）之间有很强的对应关系：两种情形中，都是基于类似性、连续性或因果性的联想原则导致我们忽略差异，并代之以一种虚构同一性（fictional identity）。

休谟最初在《人性论》第一卷对自我及其同一性进行讨论，该卷完成后的两年里，他又撰写了附录，专门回顾了他在这方面的思想。在附录的简短描述中，休谟立足的前提是，每一个观念都来自一个先在的印象，但对于作为"简单和个别"之物的自我或实体，我们没有任何印象。所以，我们"从这种意义上说没有关于它们的观念"。然后他断言，我们的所有知觉都是可区分的，因而可以认为它们是"可分离"的，作为独立或孤立的东西而存在。他指出，我们就是以这种方式看待桌子和烟囱，所以把它应用于知觉也没有任何先天的困难。正如我们已经看到的，休谟倾向于淡化知觉与普通事物的差别，因为不管在什么情况下，我们一般都认为这些事物是同一的。

休谟接着让我们考虑一种"退化到甚至比牡蛎的生命还低级"的心灵，它可能只有一种知觉，比如干渴或饥饿。"除了那种知觉，你还能想到任何东西吗？你有任何关于自我或者实体的概念吗？"如果这样一种简单的生命是如此，"增加其他知觉绝不会带给你那个概念"（*T* Appendix, p. 634）。

以上是否定性的部分。但接下来，休谟想要"解释联结原则"（the principle of connexion），该原则将知觉维系在一起，"并且使我们认为它们具有实在的简单性和同一性"。对于这条原则，休谟提醒自己，"人类理解绝不能发现不同存在之间的任何联结。我们只能感觉到思想的联结或规定，从一个对象传递到另一个对象"。但能这样就够了，因为当我们反思自己的经验，关于它们的观念"可以感觉到联系在一起，并且自然地相互触发"。这和我们在第三章看到的因果关系哲学非常相似，在那里，心灵不能发现不同事件之间实在的因果联系，但我们进行推理和预测的自然倾向可以对此加以弥补。至此一切顺利："所以从表面上看，现有的这种哲学到目前为止还是颇有前途的。"（*T* Appendix, p. 635）

然而，意外的困难降临了。休谟的希望突然破灭，他选择放弃，承认自己彻底失败，承认自己的原则包含矛盾，遭遇了某个无法克服的难题，让他仿佛置身迷宫，找不到任何脱身的办法：

简言之，有两个原则，我无法使它们变得一

致，也不能抛弃其中任何一个。第一个原则是，
我们所有的不同知觉都是不同存在；第二个原则
是，心灵绝不能感知不同存在之间的任何实在联
系。如果我们的知觉寓存于某种简单且独立的
东西，或者如果心灵可以感知它们之间的某种实
在联系，事情就没有任何难处。对我来说，我必
须请求行使怀疑论者的特权，承认这个困难太
大，超出了我的理解。不过，我也不会冒昧地宣
称它绝对无法解决。经过深思熟虑，别人或者我
自己也许会发现某种假设，可以调和这些矛盾。

（*T* Appendix, p. 636）

由此留给休谟的解释者的问题是：休谟自认为发现的意外难
题到底是什么？在他严肃的形而上学和认识论研究中，这是 p.48
他唯一一次表现得如此踌躇不决，一定是非常棘手的问题，
才会让他屡次三番地说造成了"不一致"和"矛盾"。那么
困难究竟何在？

　无论这个难题是什么，休谟的表述都是不清楚的，因为
他强调指出的两个原则并不相互矛盾，在《人性论》第一
卷，休谟从头到尾都在使用这两个原则，未觉有什么不妥。
而且，直到他开始写《人类理解研究》，也没有证据显示他
放弃了两个原则中的任何一个。尽管后面这本书对人格同一
性缄口不提，但休谟在一封信中说起，《人性论》和《人类

理解研究》包含"相同的哲学原则"（虽然他也说过，希望后来的批评者把《人类理解研究》而非《人性论》当作他的最终观点）。[22] 此外，尽管附录的这段话语气绝望，但休谟似乎并未因为承认存在难题而格外感到困扰。在《人性论》的随后几卷中，他不断讲到自我，谈论激情的自我、自爱和自利，丝毫不像碰上了难题。显然，不管这个难题是什么，他都觉得可以绕开它。

对于休谟的难题，不同的解释者给出了许多不同的意见。有些人认为，休谟所假定的那种虚构，无法支撑他后面论情感的部分对自我的讨论。但这种说法看起来不可信，一方面是因为它没有印证休谟所说的矛盾，另一方面则是因为，休谟讨论的目标仅限于导致自我观念的那些思想——这里的自我具有"绝对的同一性和简单性"（T I.iv.6, p. 251），是"简单的和连续的"（T I.iv.6, p. 252），或者"固定不变和持续不断的"（T I.iv.6, p. 253）；而当我们被关于自我的思想所激发，比如出于贪念、自利或者自尊而行动，这些思想并未起什么作用。有些人认为，休谟的失败在于如何解释存在一种能动的心灵，一种能产生意愿、实施控制并采取行动的主体。但这属于解释上的漏洞，而不是一个矛盾，况且休谟无论如何都不大可能为此感到不安，因为他的人性科学的总体取向就是用事件（happenings）代替行为（doings），或者换句话说，要解释我们做了什么，需依据我们发现自己在做什么，即发现自己的心灵中在发生什么。

在休谟的体系中，知觉之间的联系是偶然的，就像星星碰巧成为星座，但即便不如此也同样可以存在。在有些人看来，如果存在一种痛苦，就会存在痛苦所属的主体，而且有理由认为这种情况必然为真。由此休谟碰到的问题在于，他的系统允许存在无主体的知觉。然而，无论对错与否，休谟始终都在不以为意地做出相反的断言，甚至到附录也仍在继续。这正是他讨论"退化到甚至比牡蛎的生命还低级"的心灵所得到的教益。如我们在上一章所见，倘若休谟真的严肃对待这一问题，他可能就得大幅度调整他的心灵哲学，其研究应该更多地基于主体及其变化，而不是作为客体的各种知觉。但是，没有任何独立的证据表明他重视这个问题。

有些人认为，休谟意识到他无法解释观念的联想原则，我们的想象机制就是由这些原则建立的。但总体而言，休谟很乐意接受基于未经解释之物所提出的解释，因为正如我们已经看到的，科学往往以这样的解释告终（用第3章引用休谟的话说，"最完善的自然哲学只是让我们暂时免于无知"）。另外一些人则指出，休谟无法将我们反思自己的知觉时产生的观念（他称之为次级观念［secondary ideas］：参见 *T* Ⅰ.i.1, p. 6；*T* Ⅰ.iii.9, p. 106）和作为它们的客体的初级知觉（primary perceptions）结为一体。这就好像我们其实拥有双重心灵：一重由初级知觉构成，这些知觉主要是关于我们周遭世界的经验；另一重则由我们对那些原初知觉的次级反思所构成。但只要因果关系和类似关系能产生影响，那么看起来它们在这里也起了作用：我们对自己经验的反思看起来当然"类似"我们的经验，正如观念总是类似印象，而且对经验的反思看起来是由经验所引起。比如，如果我没有去过泰姬陵，就不能回想观赏泰姬陵的愉快经历。

一种流行的意见是，休谟真正不能解释的是"化零为整的纽带"（string around the bundle）。也就是说，如果我们设想一个"知觉"世界，这些知觉四处流动，没有归类为任何主题，也没有任何关联，那么"类似关系"和"因果关系"就起不了作用，无法将它们整合成作为独立整体的"心灵"。因为，我的经验为什么就不能类似你的经验（我们常常假设我们的经验是类似的），或者我内心的记忆为什么就不能触发你内心的记忆呢？

这当然是一个更加值得认真对待的问题。而且休谟不能援用空间位置、连续性来充当一种补充原则，因为他明确否认，作为联想原则的"连续性"在人格同一性的情形中能发挥任何作用（T I.iv.6, p. 260）。我们不能依据它们产生的地方对这些没有关联的知觉进行整合，因为休谟认为它们没有位置可言。但上述解释同样有令人难以接受之处。主要的问题在于，这种解释居于一种高高在上的"形而上学"视角，居于上帝的位置，由此一切知觉都是"所予"（given），于是就有了如何分类的问题。而我们对自我的发现绝对不是以此为出发点；相反，"给予"我们的那些东西只是我们自己所有知觉的一小部分，对我们来说从来不曾产生分类问题。所以，如果有人证明某种假想的生物面临无法解决的分类问题，休谟完全不必为此愁眉不展。他的研究是要揭示导致我们基于同一自我进行思维的那种心灵机制，这种自我在变化中保持它的同一性，而当我们试图得到关于它的印象，我们所能抓住的仅仅是瞬时的经验。

在我看来，让休谟在附录里如此犹疑的问题很可能没有一个确定的正确答案。不过，关于对自我或经验主体的指称（reference）在我们思维中所扮演的角色，能谈论的东西还很多。[23] 这使得有些人倾向于揣测，休谟对于未来的这些研究进展已经有所预见。例如，在本章开头那段引文里，休谟似乎是说，如果经验可以显示某种随着变化的生命片段而保持不变的东西，就像一个内部展示各种场景的固定剧院，那么就很容易理解自我。但不难论证这是错误的。即便我亲知自己的经验具有某种不变的元素，也不会让作为经验主体的自我变得更加容易理解。即便我在音乐中始终听到相同的基调，也不会因此更容易理解我在听音乐这一想法。那只会让我想到两件事：我在听音乐，以及我听见了那种基调。其他感官也都如此。即便除了摇曳的极光，我还在视野的一角看到某种固定的光斑，也不会更容易理解这种感觉：我终于看到了极光。

而且，我们也很难认为休谟对未来的发展有一种潜意识的认知。在附录里宣称存在矛盾后，休谟写道："如果我们的知觉寓存于某种简单且独立的东西，或者如果心灵可以感

p.51

知它们之间的某种实在联系，事情就没有任何难处。"（*T* Appendix, p. 636）他没有权利说这样的话。他自己已经充分而有效地论证，设想"寓存于某种简单且独立的东西"的知觉是毫无意义的，设想一种可知觉的实在联系也毫无意义。因此，他所说的两点都构不成合理的假设，使得我们好像只要假定它们为真，当前的某种困难就可以烟消云散。

最厚道的做法也许是，相信休谟在某种程度上模糊地意识到，为了处理经验主体这一概念，需要一种跟他的感官经验主义完全不同的进路。也许是他在某种程度上认识到后来康德置于中心地位的那种东西：自我的概念是一种形式概念或结构概念，而不是经验概念。它不是由经验识别或确定的东西，也不是由想象产生的建构或虚构，而是我们综合或建构世界图景的能力以及一切思维的必然伴随物。在一个著名的段落中，康德写道：

> "我思"必须能够伴随我的一切表征；因为不然的话，我内心就会表征某种完全不能被思维的东西，而这无异于说，这种表征是不可能的，或者至少对我来说什么都不是。[24]

康德认识到，我必须能够意识到我的所有经验都是"我的"，否则任何东西都会"对我来说什么都不是"。而这又意味着，将自我带入思维的"自我意识"并不是一种额外的成分，无需通过产生另一种元素才能把握（这种元素最初可能不存在）。毋宁说，它是对注意力进行分配，或者将一种经验和一个生命结合在一起，而不是追问我们理解的是什么，抑或我们一开始是如何理解的。但回过头来，如果依据这种启发性的观念开展研究，就会要求我们超越休谟关于思维要素的经验主义。我们必须看到，"我"更多地具有一种逻辑功能而非表征功能：它所需要的那种理论更接近一种适用于"且"（and）和"非"（not）之类词项的理论，这些语词对我们的思想进行组织，它们的意义也是由这种作用所赋予的。这不同于"红色"和"坚硬"之类的词项所适用的理论，这些语词的意义来自它们所表征的东西。

跟他的其他思想一样，休谟关于简单的、统一的自我所提出的问题在我们这个时代也有巨大的回响。著作家和哲学家们都很熟悉这样的观念：自我是一种幻觉，是因把握和理解经验所需而产生的一种"建构"或虚构，或者是各种力量和过程的一个大杂烩，其本质对我们来说晦暗不明。这常常被认为是一种极为现代的观念，也许可以归之于弗洛伊德，或者尼采：

> 我和形而上学家最深刻的区别是：我不认 p.53
> 为"我"是思维者。相反，我认为我本身是思
> 维的一种建构……换言之，只是一种*规制性的*
> *虚构*，借助它可以给生成的世界注入一种由发

明得来的恒常性以及"可知性"。[25]

而休谟在这方面是先驱，他不但提出了这种观念，也深知接受它是有困难的。

让我们以此来结束对休谟关于人类理解的基础性研究所做的讨论。在《人性论》这部分内容的最后，休谟发出了一声绝望的呼告，引人注目地表达了自己的怀疑和失落。当他在《人类理解研究》中改写他的哲学，这种失落已经淡化，变成了如果将哲学研究推向理性所能支持的限度之外，你所能预料的那种东西。但是，这两本著作从未抛弃经验主义、因果关系理论、自然信念优先于理性这一原则以及"折衷怀疑论"的底色。随着休谟在《人性论》和《人类理解研究》中转向他哲学的较少怀疑性而更具实践性和建设性的方面，即对我们的动机、情感以及我们在社会中的位置进行解释，这些东西依然有效。

p.54

6

道德原则

当我们谈到情感和理性的斗争，这种说法是不严谨的、非哲学的。理性是，而且只应是情感的奴隶，除了服务和服从情感之外，绝不能自命有任何其他职责……当一种情感既不是依据错误的假设，也没有选择不足以实现目标的手段，理解就无法对其进行辩护和非难。如果我宁可毁灭整个世界也不愿划伤自己的一根手指，这并不违背理性。如果为了避免一个印度人或完全陌生的人感到丝毫不适，我选择让自己彻底毁灭，这也没有违背理性。同样不违背理性的是，在自己知情的情况下接受较小的利益而舍弃较大的利益，并且喜好前者胜过后者……简言之，只有当一种情感伴随某个虚假的判断，它才是不合理的；准确地说，就连这时候，不合理的也不是情感，而是判断。

T Ⅱ.iii.3, pp. 415-16

休谟所说的"情感"(passion)是情绪(emotion)、态度(attitude)和欲望(desire)的统称。他把他考虑到的情感分成两类。首先是直接情感,包括"欲望、厌恶、悲伤、快乐、希望、恐惧、绝望和安全感"。然后是间接情感,包括"骄傲、谦虚、志向、虚荣、喜爱、憎恨、嫉妒、怜悯、怨恨、慷慨以及它们的附属情感"(*T* II.i.1, pp. 276-7)。我们无需太过计较两者的差别:粗略地说,欲望、厌恶(aversion)等情感和它们对象的联系非常简单,间接情感的情况则要复杂一些。例如,骄傲不仅要求我们对某种东西感到满意,还要以某种方式将它跟我们自己联系起来。我们一开始就应注意,休谟的"情感"一词绝不等同于"情绪"这一现代术语。欲望或厌恶可以不带任何情绪化的因素。它们甚至不构成我们意识生活的片段,因为它们本质上更接近于性情(dispositions),即仅仅偶尔会促使我们去感受或行事的那些基本倾向。当它们得到满足或者受到阻碍,可能会让我们出现情绪反应,但这应该另当别论。当向某人复仇的欲望落空,我对此感到愤怒,这时的情绪是愤怒,而不是复仇的欲望本身。

p.55

休谟对情感的解释是他最极端也最自得的观点,他将理性视为情感的奴隶,这颠覆了从柏拉图和亚里士多德到他那个时代所确立的哲学传统,根据这种传统,理性的一项光荣任务是,对混乱、热烈的人类情感所产生的那些危险且放纵的欲望进行指示和引导,并加以阻遏甚或压制。

休谟认为，理性和情感都是动机（motivation）的必要条件。我们只有在一定的处境中才会行动。我们必须看清事物的状况，亦即对世界进行理解。但这只是为情感登场做准备，情感可以让我们对所见之物产生厌恶或痛苦，从而促使我们去改变它；或者让我们产生愉悦或快乐，促使我们去追寻它。如果我们对所见之物全无情感反应，那么它就激不起我们的任何兴趣，可以忽略不计。所以，认知的作用在于为行动奠定基础。但它只有通过为情感提供激发材料，才能发挥这种作用。

休谟有一个简单的论证，说明"情感"本身不是由理性所发现，也不从属于理性判断：

> 情感是一种原始的存在，或者也可以说是存在的一种变化，它不具有任何表征性，从而无法成为任何其他存在或变化的摹本。当我愤怒，我便实际地受到这种情感的支配，而且当我处于这种情感状态，就像我口渴、恶心或者身高超过五英尺一样，并不指向任何其他对象。因此，这种情感不可能与真理和理性相对立或者相矛盾，因为矛盾意味着，作为摹本的观念和它们所表征的对象不一致。（*T* Ⅱ.iii.3, p. 415）

对这段话有一种错误的解读。休谟看起来似乎否认情感"指向"任何对象，而有人可能会直接给出相反的回答。如果我因为受到冒犯而向你发怒，这种愤怒就指向你的冒犯，而这对情感来说颇为典型：我可能害怕野外的公牛，或者对早间新闻感到沮丧。用哲学行话来说，情绪和欲望是"意向"（intentional）状态，指向真实的或者假想的事实、行为或事件。休谟不应被理解为否认这一点。他断言的是，情感的特殊性质、它引导思想和行动的特殊方式，本身并不仅仅取决于人们认为属实的情况。我可能发现你冒犯了我并感到愤怒，也可能对此只觉得可笑，或者轻蔑地对待，甚至以被你这样的卑劣之人攻击为荣。我可能对此感到愤怒，也可能不会。所有这些特定的情感和态度都不是单纯记录所发现的情况，而是对这些情况做出个人的、多变的以及能动的反应。遇到野外的公牛，你吓得落荒而逃，我可能镇定自若，某个勇敢的人则会上前戏耍。

这也有助于消除对如下观点的一种误解：理性只有通过为情感提供激发材料，才能和行为相联系。有人可能会抱怨，休谟在因果关系上坚决反对扶手椅式的先天理论，那么与此类似，他没有理由否认一个知觉或信念的产生可以引发某种结果，包括某种行为。毕竟，这种情况司空见惯。对一条蛇的知觉本身只是一种认知活动，导致我向后跳开，还让我心跳加速或者胃部抽搐。这样的因果反应可能完全是自动的。然而，我们不应认为休谟好像对这种情况（令人惊讶地）一无所知。毋宁说，他的观点是，当一个人身上具有这

p.57

种因果模式，即对蛇的知觉可以引发前面那些反应，那么他恰恰就是怕蛇的人。正是在这种基础上，才把这种情感归到他身上。倘若你是一名经验丰富的爬虫学家，看到蛇的反应是欢呼着将它拎起，那么你就是不怕蛇的人，还对这种生物怀有浓厚的兴趣。

而这又会招来一种反对意见，即如果休谟的观点是这样的话，那么他的主张就会变成纯粹的定义问题。如果每当人们在信念的作用下产生动机，都足以判定他们拥有情感，那么当然可以说动机需要情感。这样的理论看起来无异于文字游戏。但是，这种反对意见忽视了理论的运作方式。设想有人对牛顿提出一个类似的反驳。他说道："听着，如果每当一个物体加速，我们就直接宣称有力或合力作用于它，那么力与质量和加速度的乘积成正比的说法不过是文字游戏。"这不是一个好的反驳，因为对于力、质量和加速度，还有其他东西可说。这个定理只是整个理论的一部分——可牛顿的整个理论绝不是什么"文字游戏"，而是全部经验科学中最有创造性和最成功的理论之一。同样，每当知觉或其他信念导致行为或者行为的变化，就指示对情感活动做出判断，这也只是某个完整理论的一部分，这个理论便是"民间心理学"（folk psychology），它使我们能够发现恒定的因素，并能对他人的行为进行预测。

由此，被我们判定为怕蛇的那个人在其他场合很可能会出现相同的反应。如果到了印度，他不愿在垃圾堆里四处翻找；到了美国南部，他不敢把手伸进木材堆的缝隙。他也不适合负责丛林夜巡，等等。当我知道你希望赶上某趟航班，就能预测和理解你的种种行为，从设置闹钟、寻找护照到预约出租车，以及其他诸般举动。欲望是一种"中介变量"（intervening variable），是对关于人的某种事实的一种理论建构或描述，可以在无数的情境中用于预测我们可以期望什么，或者指示我们如何控制或应对它们。

p.58

排除上面这些误解之后，休谟的观点看起来似乎就是简单的常识，而某种意义上确实如此。比如，决策论和博弈论等现代学科就呼应了休谟的观点，它们的研究也是基于信念和欲望的双重机制。之所以需要两种心理状态共同运作，通常可以归因于它们和世界具有相反的"符合方向"（direction of fit）。信念的任务是符合世界，按世界所是的样子对它进行表征。欲望或情感的任务则是让世界符合它，换言之，就是促使主体去改变事物，从而使欲望得到满足。两者都是行动所需要的。认知无情感则惰，情感无认知则盲。信念让欲望有机会成为现实，而欲望让信念有机会变得实用。

休谟当然知道，我们有理性战胜情感的说法，并且毋庸置疑地存在实践推理（practical reasoning）的现象：对事情考虑周全，采取长远眼光，寻求与他人和谐共处，进行成本—效益的计算，等等。休谟对此的解释所依据的是，第一，更充分地了解情境；第二，对各种重要之事进行比较和权衡。他承认"人们很少热衷于遥不可及的东西，和不能增进个人利益的东西"，从而给"情感基于某种长远视角或反思所做出的冷静的一般决定"和容易让我们盲从的那种更加冲动、短视及自私的情感之间的角力留下了空间（T III.iii.1, p. 583）。当我们试图控制自己时，实际上是在权衡这桩和那桩重要之事。无论我们是听从审慎的劝告、顾及他人、接受"共同的观点"，还是任由自己迷失在充满诱惑的享乐之路上，结果往往都会陷入难以抉择的境地。

由此我们就触及了伦理学。如我们所见，休谟的切入点显然是对人性的一种切实的经验观察。所以他讨论时考虑我们赞赏别人什么、反感别人什么，别人和我们自己同样喜欢听些什么话，反过来，听到什么会让我们难堪，或者会觉得是要予以驳斥的诋毁。休谟认为，即便你厌倦道德的教诲，也无法摆脱这些情感或者态度：

> 我同样发现，在古代，斯多亚派和犬儒派无休止地侈谈德性，巧于言而拙于行，惹得人们嫌恶；而尽管纵情享乐却在其他方面非常恪守道德的作家琉善，如果不作嬉笑怒骂的反讽之状，有时就无法谈论被这般标榜的德性。但无论这种微妙的怨怼从何而来，绝不会极端到使我们否认各种美德的存在，以及作风和品行的高下之分。且不论慎重、细心、进取、勤劳、敬业、俭朴、节约、理智、审慎、明辨，我是

说，且不论这些看名字就得承认是优点的品质，此外还有许多其他品质，即便是最坚定的怀疑论者，也丝毫不能拒绝向它们致以赞美和嘉许。节制、冷静、耐心、忠诚、坚韧、深谋远虑、体恤入微、严守秘密、遵守规则、善解人意、彬彬有礼、处变不惊、才思敏捷、能言善辩，这些以及无数其他同类品质，没有人会否认它们是优点和美德。（EM 6.21, pp. 125-6）

如果有谁沉迷于对伦理道德的怀疑态度，比如来自尼采或他的存在主义信徒，或者青睐以"无道德主义者"（amoralist）自居的波西米亚式流亡文人对社会生活的嘲讽，我希望他读一读上面这段话。事实上，休谟认为，日常语言包含大量的伦理道德成分，以及重要的"一般戒律"（general precepts）。任何人只要理解一种自然语言，就明白哪些词语带着褒义，哪些词语带着贬义。我们不可避免地要用这些词语评价他人，并被他人评价。哪怕是愤世嫉俗的流亡者，肯定也更乐于被人视为洞达和深刻，而不是自私和无知。当然，休谟也知道，特定时期所看重的方面会产生历史变迁：尚武的社会推崇荷马笔下的"枭雄"（rough heroes），尚文的社会则褒扬温和友善的品德，等等。

我们对人物的评价并非主要出于私心，并不取决于这个人给我们带来什么利益。我们可以臧否一个历史人物，尽管他不再能对我们行善或作恶。实际上，很大一部分道德教育是通过虚构来进行的，完全不涉及真实的人。我们所做的是，采纳直接受这个人物影响的那些或真实或虚构的人的观点，比如说家人、朋友或者队友。于是，像仁爱这样的社会美德，就是一种能带给这些人好处的品质，并让我们感到，我们因为这种品质而钦佩那个人物。这里有一种同情（sympathy）或移情（empathy）机制，而这种机制来源于想象活动：如果和这个人物相处我们自己的感受会是什么样，倘若他是高尚的，我们认为他能带来快乐；倘若他是邪恶的，带来的就是折磨和痛苦。将这些结果"内化"（internalizing）后，我们相应地产生敬仰或鄙夷。

不过，休谟认为，除了社会品质，还有服务于主体自身的心灵品质，他意识到我们同样赞赏这些品质。当一个人执着或专注于完成一项工作，或者提升他的灵魂和尊严，这些品质可能主要对他自己有利，但它们同样值得称道。此外，令人愉悦的品质和实用的品质也会引发我们的赞美：乐观、从容、平和以及个人的美丽和优雅，会让我们感到吸引并心生爱慕。有人会说，这些更多的是天赋使然，与伦理道德不相干。但是，休谟不认为一般的天赋和特定的德性之间有什么重大差异。我们尽量避开蠢材、偏执狂和阴郁之人，正如我们不想跟居心不良或信誉不佳的人打交道。

休谟将所有这些综合起来考虑，并举了很多例子，他宣称：

我们必须……承认，每一种对自己或他人有用或者令自己或他人愉悦的心灵品质，都传达给旁观者一种快乐，赢得他的尊重，并被冠以美德或优点的美名。（*EM* 9.12, p. 151）

因此在休谟看来，伦理道德涉及的是我们赞赏和尊重哪些品质，以及厌恶哪些品质。它涉及的是情感，而不是理性。他对这一点的论证是，经验和理性判断必须添加情感才能影响实践，而道德本身就是实践的，或者用他的话说，是热烈的（passionate）。比如，发现旅馆房间是粉色的，然后依据品味喜欢或讨厌它，这不同于发现某种行为是禁止的、不可接受的或者没有商量余地的，因为后者对行为的要求已经有确定的指示：这些话是出自已经怀有某种情感的人之口——它们是在反对某种行为。伦理判断，包括各种名目的恶习与美德，具有"效价"（valency）或取向（direction）：跟喜爱和厌恶一样，它们使我们趋向或者退避某些东西。伦理道德的功能在于调整我们的情感，使我们领会普遍的人性，凭借与受到它们影响的人"共情"（fellow feeling），对埃古式的邪恶或安提戈涅式的高贵做出回应，并通过一种习染过程，在我们内心产生对丑恶行为的排斥，以及效仿良善行为的渴望。

有些哲学家夸大了道德情感的影响。他们觉得很难理解"意志薄弱"（weakness of will），或者我们如何能屈从于诱惑，明知是错事还要去做。休谟在这方面一如既往地提出了正确的见解。对他来说，承认我们的人性弱点没有任何问题，相反，需要充分解释的东西是，即便在背离我们的直接利益和阻碍我们的强烈欲望的情况下，我们仍然履行自己的义务和责任的那种力量或能力。当我们有意地向诱惑屈服，就在与自我的某个部分的交战中败下阵来，就好像我们如果把审慎抛诸脑后，就是故意给未来的自己制造麻烦。正如我们都知道的，"人们很少热衷于遥不可及的东西，和不能增进个人利益的东西"（*T* III.iii.1, p. 583）。我们常常不能努力促进自己的福祉，遑论他人的福祉，而这没什么可奇怪的。我想说的是，当我们有意地向诱惑屈服，就好比有意地伤害我们所爱的人，事情就像关节一样出现了错位。但关节之所以能错位，是因为它通常并非如此。我们也许会伤害所爱的人，但我们一般不会这么做，即便做了，往往也会感到难受，否则就证明爱意在消失。这跟违背我们自己的良知是同样道理。如果你频繁或者轻易地违背良知，你就会认为自己根本没有良知。

我在前面提到，休谟关于理性和情感的革命性论断打破了先前的传统。类似地，他的道德哲学研究也断然与古典和中世纪思想分道扬镳。无论在古典思想还是基督教传统中，美德都是不为人知的。实际上，它专属于非凡人物，或者是拥有特殊智慧和理性天赋的希腊贤哲，或者是沐受特殊恩典的基督圣徒。休谟则更具民主精神。我们很容易确定哪些心灵品质对自己或他人有用，或者令自己或他人愉悦。我们一般情况下都知道生活是好还是坏。因此我们也就知道，哪些心灵品质有益，哪些有害。道德知识的基石，摆在每个人的面前。 p.63

7

约定与责任

我发现，允许别人拥有财产，对我是有利的，只要他以相同的方式对待我。他同样明白，按规则做事是有利的。当我们相互表达并且彼此知道这种利益共识时，就会产生合适的决定与行为。把这称为我们之间的一项约定或协议，是颇为恰当的，尽管双方并未做出承诺，因为我们各自的行为都参照对方的行为，并且前提是假定对方会做出某种行为。船上两人的划桨行为，依据的是协议或约定，即便他们从未相互做出承诺。关于财产的稳定占有的规则虽然是逐渐产生，并且经过缓慢的演进，由于我们一再经验到破坏它所造成的不便，它才获得效力，但这条规则并非因此就不是来自人类的约定。恰恰相反，这种经验使我们更加确信，对利益的认识已经成为全体

社会成员的共识，并让我们相信他们未来会按规
则行事：正是基于这种预期，我们才会节制和禁
欲。类似地，语言也是在未经任何承诺的情况
下，通过人类约定逐渐创造出来的。黄金和白银
同样是以这种方式成为通用的交易手段，并被视
为足以偿付比它们实用百倍的东西。

T III.ii.2, p. 490

p.64

上一章我们看到，休谟伦理学的切入点不是义务（duty）
和责任（obligation）之类的概念，而是我们对不同人格品质的
感受。这些品质引发的喜爱和厌恶，决定了我们以哪些行为
为荣，以哪些行为为耻，并由此给我们的实践生活提供动力。

有时候，我们可以从谈论德性直接转到谈论责任或义
务。对捐助者心怀感激之情是一种好品质，因偷懒或疏忽而
不把感激之情表达出来，则是一种坏品质。因此我们可以
说，接受恩惠的人应当（*ought*）感激，并且应当做些什么来
表达他的感激，或者相当于说，他负有以这样的方式做出回
应的责任或义务。负有产生某种情感的义务这种说法看似有
些奇怪，但不这么做的人会招致批评和惩罚，或者愤怒和怨
恨，而这是某人负有责任的重要标志。更何况，圣经也讲到
爱邻如己的义务。倘若我们回答说，抱歉，我们无法勉强自

己去感恩或关心邻居，这够不上一种辩解。别人会对我们侧目而视。

不过，要说休谟对社会和政治理论以及道德哲学最具原创性的贡献，并不在感激这样的自然德性（natural virtues）的领域，而在他所说的"人为德性"（artificial virtues）的领域。与人为德性相联系的是，遵从人们相互间所建立起来的那些制度、安排或约定。休谟尤其关注这三者：承诺制度，财产制度，以及对政府的忠诚，包括遵守法律的义务。

休谟希望找到一种理想的解释，说明它们如何产生和运作。它们的独特性在于，要让合乎它们的行为产生效用，必须在某种意义上参照他人的行为。更准确地说，参与其中对我有利，只要你也参与其中。否则我就会吃亏。休谟以拱门做比，拱门中的每一块石头都起着支撑作用，只要其他石头也是如此（*EM*, Appendix 3, p. 171）。不然的话，所有石头都将失去支撑功能。我们一想就能明白，我们的很多行为，包括单纯出于习惯的行为，都具有这种条件性。如果我们协作狩猎，我得按计划就位才行，但条件是你也得这么做。如果你承诺为我做一件事，我就可以合理地期待你做这件事，只要你的话对你来说是有分量的。但要是我认为这只是让我放下武器或者把我引入彀中的伎俩，你的承诺就毫无意义。如果我为你工作以换取硬币或纸币，只有别人反过来会用商品和服务换取这些硬币和纸币，它们才有价值。

我们需要一种特殊的"系谱学"（genealogy）或进化论

解释，以阐明这些条件性的安排是如何出现的。设想"所有人与所有人交战"的原始状态。设想一场严酷的斗争，没有合作的历史，也没有文化来约束你我，并假定你我的利益是对立的：我想要占为己有的东西，你也想占为己有。我们于是陷入无休止的争夺。倘若我们能构想出一种同生共处的方式，情况就能好转。因此，设想我"承诺"放下武器，不再谋求我的利益。这种举动如何才不至于让你乘机将我打败？或者如何才不至于成为一个阴险的圈套，诱使你放下武器，以便让我发起突然袭击？承诺在这两种情形中都只是假象。这方面的一个显著模型是我们熟悉的"囚徒困境"（prisoners' dilemma），在囚徒困境中，即便囚徒们可以会面并相互"承诺"守口如瓶、绝不招供，每个人仍然都有招供的动机。而且，即便前述情况有别于囚徒困境，从而我们双方都愿意放下戒备，进入和平合作的状态，我们仍然会认为，这么做是冒了极大的风险。[26]

在休谟看来，要找到一种合作理论，必须揭示某种自然机制，合作是通过这种机制产生的，而非源于神秘。光说"理性"能让我们找到答案，是徒劳无益的：我们不能干坐着承诺自己会信守承诺。维持合作性均衡（cooperative equilibrium）的是其他心灵机制。p.66

根据休谟的解释，合作与自制，以及信守承诺和尊重既定产权的最终约定，都源于个人的私利加上远见。它们不是利他主义（altruism）的产物：尽管休谟确实认为我们有仁爱的倾向，他并不希望据此来解释与正义相关的制度。它们也并非必然出现。休谟的说法是缓慢发展，而且在充满竞争和冲突的情况下，总有人禁不住要抢占一时之利并逃之夭夭。唯有通过不断打交道，才能增进信任。我们只有懂得信任带来的好处，才能学会一点一滴地积累信任。如果情况非常严峻，我们就没有机会重复往来、形成惯例、相互效仿和吸取教训。迈出走向和平的第一步确实太过冒险，不如直接继续所有人与所有人交战的状态。

由此，设想一个房间里有几张桌子，每桌都有一些人在玩某种囚徒困境游戏。在这种系统中，如果人人都与他人合作，社会收益（各桌的总收益）最大。但在每一局游戏里，每个人通过"背叛"或欺骗，打破默认的协议，都可以让自己更有优势。如果我们设想游戏是重复进行的，那么第一种情况下社会财富会累积起来，而出现背叛者的情况下则会陷入贫困。如果我们接着设想，借助一种动态机制，合作者被邀请到开展合作的桌子，背叛者被驱逐到存在背叛的桌子，那么整个房间将会分裂成两个阵营：完全合作的人与完全背叛的人。但是，如果我们设想一种进化式的动态机制，比如人们的后代数量跟他们的筹码数量成正比，那么占据房间的逐渐都将是开展合作的桌子。正所谓善有善报。

休谟对他所阐述的这种机制很是引以为豪，以至几乎照搬开头引文的说辞对其进行复述（*EM*, Appendix 3, p. 172）。而这是无可指摘的，因为他在这方面就是先驱人物，并且关于合作的进化的现代解释完全沿袭了相同的思路。[27]休谟还给这种机制增添了另外一种洞见,即我们一旦形成诸如依赖于不侵害他人财物的承诺之类的习惯,随即就会产生责任的观念。我们不但避免自己成为第一个破坏模式的人,还会排斥和惩罚这么做的人。一种社会规范由此建立起来,并对我们的动机产生影响,通过外部惩罚以及羞愧和内疚等内部压力,使前述习惯得到巩固。然而,结果并非万无一失,于是我们就会碰到休谟所说的那种令人忌惮的"狡猾的恶棍"(sensible knave):

> 即便最坦然地面对并且尽可能地迁就恶习,我们也必须承认,为自我利益着想,任何情况下都没有丝毫借口将恶习置于美德之上;例外的情况也许是正义,从某种角度来看,一个人似乎常常因为正直而受损。而且,尽管人们承认,不尊重财产权,社会就无法存续;但鉴于人类事务的处理方式存在缺陷,一个狡猾的恶棍在特殊情况下可能想到,不义不忠之举可以大大增加他的财富,而不会给社会整体和全体造成任何重大损失。诚实至上也许是一条良善的一般规则,但容易出现许多例外:而人们也许认为,一个遵守一般规则又抓住例外占尽便宜的人,是在以极高明的智慧行事。(*EM* 9.22, p. 155)

找到一个论证，阻止狡猾的恶棍的行径，这不啻为道德哲学的圣杯。许多信奉纯粹理性、某种源于人类能动本性的先天观念的"认知主义"或"理性主义"伦理学家，渴望证明恶棍的行为在某种微妙的意义上是不一致的，他的所作所为类似于信念领域的自相矛盾。相比之下，休谟对此等闲视之，他紧接着说道：

p.68 我必须承认，倘若有人认为这种推理必须要有一个答案，那么他将很难找到任何可以让他觉得满意和信服的答案。如果他内心并不反对这种有害的准则，如果他对这种邪恶或卑劣的念头并不感到厌恶，那么他很大程度上其实已经丧失向善的动机，我们可以预料，他的行为将会印证他的思想。然而，所有秉性纯朴的人是如此强烈地反感背叛和欺骗，以至于任何利益和金钱方面的考虑都抵消不了。心灵的内在安宁，对正直的意识，对自身行为的恰当反省，这些是幸福不可或缺的条件，每一个诚实的人都能领会它们的价值，珍视它们并加以培养。（*EM* 9.23, p. 155）

换言之，如果我们身边出现了一个狡猾的恶棍，事情就为时已晚。由于某种原因，这个人的情感或激情没有超出眼前的一己之利。建立普遍人性的正常过程对他来说失灵了，通常的羞愧心理和对自身行为保持恰当反省的能力在他身上也太过薄弱。正如寻找圣杯的人最终都会发现的那样，我们对此无话可说。在这个问题上，休谟和亚里士多德的立场相近，即在通往美德的道路上，应该把早期的教育和实践摆在优先位置，而不是事后再试图说服恶棍改邪归正，这很可能只是枉费力气。恶棍的错不在于微妙地违背理性，而在于他是一个恶棍。

这样，我们就能解释关于正义的责任是如何演化出来的。这种解释仅仅建立在已知的心灵机制上，即私利加上远见。但最终，承诺、财产权和正义有了它们自己的生命。它们所赋予的动机可以约束我们，甚至让我们舍弃自身利益。违背它们是行不通的。与尼采揭穿基督教伦理的系谱学不同，休谟的系谱学旨在确证我们所达到的目标：我们建成了拱门，发明并延续了各种制度，确立了合作性的社会生活，我们应该为此感到骄傲。最终这些制度不仅涉及契约、承诺和财产，还涉及政府以及对政府和法律的忠诚。这同样回应了一种需求：我们需要一种机制，向每个人确保所有其他人 p.69 都在为共同的事业尽自己的一份力量，比如抵御外敌或者维护公共安全，并确保财产制度包括财产的转让和处置能获得必要的保障。

休谟的进化论解释使他背离了政治哲学中的"社会契约"传统，提出这种理论的是早他一个世纪的霍布斯和洛克，以及和休谟同时代的卢梭。[28] 霍布斯的思想依据的是，人们会设法摆脱所有人与所有人交战的状态，并认为人们会自愿地将自己置于某个专制君主的统治之下。洛克把普遍的社会秩序设想成统治者与被统治者之间的契约，并要求对这种契约产生默示同意。卢梭最终主张公民要服从公意，不断走向极权主义，最后被用来为狂热的法国大革命辩护。休谟摒弃这些夸张的理论，代之以一个冷静客观的事实：当政府致力于维持社会生活，它在这方面的显著效用就是证明其正当性所需的一切，并且仅此一点就可以证明其正当性。倘若革命成为更好的选择，那么政府必定犯下了弥天大错。

休谟珍视维护社会生活的那些制度。他在这方面极为保守，对于这些制度所采取的形态和形式，他是一位明智的保守主义者。不必说，对于任何轻率的改良方案，比如鼓吹无政府主义或者没有政府或法律的社会，抑或废除契约或私有财产制度，他都怀着深刻的不信任。他绝对容忍不了当今那些由金钱和市场价值所支配的社会理想。当自由市场的拥护者们说，没有社会这样的东西，他们是在否认维护契约、法律、政府以及他们摆在第一位的市场所需的那道拱门。于是，恶棍就没了廉耻，而我们必须做好最坏的打算，因为他们将会用实际行动"印证他们的思想"。

p.70

8

关于神迹

结论显然是（这也是一条值得我们注意的一般准则）："没有任何证据足以证实一个神迹，除非有这样一种证据，它的虚假比它力图证实的事实更加不可思议；但即便在这种情况下，也存在相互排斥的论证，优势论证经过劣势论证的抵消，只剩下一定程度的效力，而我们获得的信念与这种效力相称。"如果有人告诉我，他看到一个人死而复生，我立刻就会自忖，哪种情况的可能性更大：这个人要么骗人要么被骗了，抑或他讲的事情确实发生了。我比照一个神迹衡量另一个神迹，然后依据我所发现的优势论证做出决定，结果总是拒斥更大的那个神迹。这个人不能妄称支配我的信念或意见，除非相比他所说的事情，他的证据的虚假更加不可思议。

E 10, p. 173

休谟在《人类理解研究》第十章对神迹（miracles）做了怀疑论式的讨论。如今这种讨论已被奉为经典，但在当时却被视为离经叛道，如休谟在他的简短自传中所说，"一年内就遭到教士和主教三番两次的驳斥"。[29]我们将看到，教士和主教们的顾忌是有道理的。

根据休谟自己的说法，十多年前撰写《人性论》时，他就已经发现这方面的核心论证，只是没有在这部早期作品中表露。他对发现过程的描述值得整段摘录于此：

> 年轻时我曾在拉弗莱舍待过两年，某日我正跟某地耶稣会的一名饱学之士在该镇耶稣会学院的回廊里散步和交谈，他向我讲道，并大谈他们修道院发生的某个匪夷所思的神迹，让我忍不住要和他争论。彼时我正在写《人性论》，满脑子都是那本书里的话题，而这个论证犹如灵光乍现，我想它深深惹恼了我的这位同伴。但他最终对我说，这个论证完全站不住脚，因为它与福音书以及基督教神迹都背道而驰——我觉得应该承认这是一个圆满的回应。[30]

休谟认为，基督教等宗教有两大支柱。首先是"启示"（revelation），其次是从事物本质到上帝存在的一系列论证，归在"自然宗教"（natural religion）的题下，或者说是得到理性之光证明的宗教。休谟关于神迹的论证旨在摧毁第一根支柱。他紧接着在《人类理解研究》的下一章"关于特殊天命和来世状态"讨论了另一根支柱"自然宗教"，后来又在《自然宗教对话录》里做了更详尽的阐述。

在宗教的语境里，启示有两种表现形式，可以基于某种个人领悟直接得到启示，也可以通过口头或书面的传说或者他人的证言（testimony）间接得到启示，而休谟的论证考虑的就是这种证言。具体而言，他的讨论主题是，特定的一些超自然事件的出现如何能被认为可以证明某个启示的真实性。先知、救主或圣徒通过创造奇迹，让人相信他（或者她，这种情况较为少见）是上帝在凡间的使者：令死者复生，在水面行走，把一物变成另一物，使海水分开，诅咒某些东西使之灭亡，飞翔天际，瞬间行至远处，预知未来，等等。要成为特殊的神圣力量介入尘世的恰当标志，这些事情必须极不寻常。它们必须与我们平日所见反其道而行之。它们必须令人难以置信。

一个直截了当的回应是，这些事情纯属无稽之谈，除此之外无须再多言。有些人误以为休谟就是这个意思，因为他有时候确实用类似的激烈方式表达过自己的看法。例如，在第十章临近结尾的部分，休谟谈到他初到法国时那里盛传的关于巴黎修道院墓地的一些神迹，并感慨地诘问："除了认为他们所说的事情子虚乌有或者荒诞不经，我们又有什么办法可以反驳如此众多的见证者呢？"（*E* 10, p. 180）但这段内容出现在他的论证完成之后，无非是自然而然地表达一个正常的想法，就好比如果一个熟人跑来告诉我们，昨晚他断了一条腿却又神奇地愈合了，任谁都会说出休谟这样的话。

休谟自然不能先天地主张，任何可以一致地加以描述的事情都是不可能的。如果有人推断一件事发生了，其中不包含任何矛盾，那么理性预先所能告诉我们的仅仅是，这件事可能发生。根据休谟的观点，任何事情是否真实发生，是一个必须由经验来解决的问题。所以，问题的关键不在于神迹是否可能，而在于我们能否确信它们发生了。

由此，对神迹讲述者稍微具体一点的怀疑论回应是，经验如此有力地支持自然规律，没有什么东西可以动摇我们对自然规律的信念。它们变得确凿无疑，没有相反的证据可以危及它们的地位。这里同样可能出现误读，并由此产生对休谟著作的曲解。之所以会有误读，是因为休谟在书的前面区分了证明（proof）与或然性（probability），根据他的说法，每当我们拥有"不容怀疑或反对的经验论证"，就可以说得到了证明。作为合理的例子，他列举了火烧伤身体、水窒息生命以及冲量和重力产生运动（*E* 6, p. 132）。这是否意味着，我们可以证明人们所说的任何神迹都不曾发生，然后事情就到此结束了？绝非如此。就讲述神迹而言，显然有怀疑和反对出现——讲述者恰恰会表达这一点。比如有人传言，某圣徒不会被火烧伤、不会被水溺死云云。这里休谟说了，如果证言在力度上旗鼓相当，事情就会变成"证明与证明针

p.73

锋相对，最强的证明固然会占据上风，却会根据对立证明的力度而相应地削减其效力"（E 10, p. 173）。换言之，事先不能断定或排除任何东西。我们要做的事情是，比照一致的经验对证言进行权衡。"证明"也许通常不会留有怀疑的余地，但是，当怀疑和反对确实存在，并要斟酌该相信什么时，证明就相当于一种很高的或然性，可以像一切或然性那样被证据所反驳或削弱。

有的观点可以视为由特定时间和地点的经验所充分证明，休谟给出了一个很好的例子，那就是水不能瞬间凝固。一位"印度王子"有十足的理由相信这一点，就如同相信任何其他经验法则，因为他从未到过温度临近冰点的地方。但显然，诸如冬日游历莫斯科之类的新经验会提出怀疑和反对，并最终表明，在这种新环境下，水确实会瞬间凝固。可如果这位印度王子不能通过旅游亲眼看见，而只能依赖于证言，那么由于他至今未曾见过这样的事情发生，证言必须有很强的说服力才能推翻既有的一致证据。休谟相信，无论是何种经验真理，都不会有什么庇护所，就像用一道围墙将它们隔离起来免受证据的侵袭。他这一章一开始就提出，要对不同的证据进行比较和权衡。[31]

　　对休谟来说，证言的出现是一件事，证言所证实的东西是另一件事，可能发生也可能不发生。证言往往可以提高其发生概率，因为人们通常是颇为可靠的。这就是为什么一般情况下我们可以相信别人的话，以及为什么我们很难接受提供消息的人是在欺骗我们，或者他们自己受了欺骗，这样的想法甚至会让我们感到痛苦。但问题在于，我们知道确实会碰到这种情况。我们不会幼稚地相信别人的话一律都是真实和真诚的。倘若如此，法庭和历史学家的工作就可以轻而易举地完成。然而我们都知道，人会撒谎，也会犯错。目击者会误报他们所见的情况。实际上，目击者的报告常常取决于事后获得的信息是真还是假。证人会各执一词。报告会以讹传讹。记忆会无中生有。事实可以掩盖。历史可以捏造。心理学家对我们的这些习性研究越深入，就越会悲观地认为我们天生就不可靠。换言之，正如法庭需要参照一方的证言或者其他具有或然性的信息，来权衡另一方的证言，历史学家对于某件事的证言也要设法推敲其可信度，尤其是那种非同寻常或者近乎奇迹的事件。

本质上，休谟的想法是，既然奇迹事件完全违背常理，那么与此相应，反面的证言必须有力。它必须具有真正能和对立的经验相抗衡的分量。如果我说某天我身处某地，法庭通常会采信这样的证言。但如果我说那天我在火星，就有问题了。即便我竭力表现得诚实，也无法否认，我所说的这件事几乎不可能发生。这便是对待奇闻逸事的常识性方法，休谟将其归结为本章开头引用的那条准则，确定了神迹的证言需要满足的条件，即必须做到这一点：证言的虚假跟它所要证实的事情一样不同寻常，一样违背常理，实际上一样是奇迹。

显而易见，这条准则设置了很高的门槛。但休谟接下去 p.75

并没有说证言无法跨越这道门槛（这又是一种常见的误读）。事实上，他的意思恰恰相反。他讲到可能发生的一次神秘日食：

> 假定所有著作家都以各自的语言文字一致记载，从 1600 年 1 月 1 日起，彻底的黑暗笼罩整个世界长达八日之久；假定这件怪事的传闻仍然很有影响，人们对其记忆犹新；假定所有从异国他乡返回的旅客都带给我们相同的传闻，相互间没有丝毫出入或矛盾。那么很显然，我们现在的哲学家们应该将这件事作为确定的事实接受下来，并对导致它的可能原因进行探究，而不是对它加以怀疑。（E 10, p. 184）

报告的独立性非常难以确立，但在上面所说的年代，报告在地理上来自世界各地，这可以佐证其独立性。由此，假定这些报告确实彼此独立，即证人之间不曾有意无意地相互串通，那么就要解释他们为何众口一词，而除了他们都目睹相同的天象，很难找到其他解释。不过休谟承认，这样的例外恰恰和所谓超自然神迹的典型报告形成鲜明对比。实际上，我们不可能不想到，休谟内心针对的是明显缺乏这种独立证实的情况，比如罗马史学家记述的充斥于早期基督教时代的众多神迹。休谟的忠实拥趸、极具反讽精神的罗马史学家吉本（Gibbon）说了下面这段著名的话，使他自己饱受非议：

> 跛者复行，瞽者复明，病者复原，死者复生，魔鬼退伏，可见自然法则经常为了教会的利益而停摆。然而，希腊和罗马的贤哲们却不理会这些令人惊骇的奇观，而是汲汲于日常的生活与研究，似乎没有觉察到世界的道德或物质统治有任何变化。提比略当政时，整个世界或者至少是罗马帝国的某个著名行省，曾不可思议地陷入三个钟头的黑暗状态。即便是如此神奇的事件，照理说应该激起人们的惊讶、好奇和虔敬，但在一个注重科学和史实的年代，竟然悄无声息地过去了。[32]

p.76

所以，在休谟这章的第二部分，问题不在于证言是否原则上能够满足第一部分最后所设置的条件，而在于宗教神迹的证言是否实际上做到这一点。休谟列出了有助于证实证言的各种因素：一个神迹为足够数量的人所证实，这些人

> 具有无可置疑的见识、教养与学问，我们可以确信他们绝不会让自己受到欺骗；他们具有无可置疑的诚实，我们完全不必怀疑他们会存心欺骗他人；他们在人们眼中具有崇高的信誉和名望，一

旦被发现弄虚作假就会声名狼藉；与此同时，他
们对事实的证实是在公共场所以公开的方式进行
的，如果弄虚作假就一定会败露。(*E* 10, p. 174)

站在历史学家的角度来看，休谟认为从未出现过这样的事。

那么，为什么人们如此普遍地相信神迹呢？也许我们天
生就容易轻信，根据本性就会不加质疑地接受证言，哪怕面
对极为反常的情况。[33] 而且，我们对情况可能产生误判。一
个常见的错误是，只看故事的字面内容，比如说许多信誉良
好的人目睹了某个事件，却忽略了故事讲述者的角色：当讲
述者的故事说，有一百人在场并且每个人都看到了神迹，这
只给我们提供了一个证言，而不是一百个独立的证言。但休
谟提出了一个更有意思的观点。他强调情感对我们相信事物
的倾向所施加的影响，从而对如今已经成为认知功能障碍科
学的领域进行了开创性的早期探索。

p.77

我们或者我们当中不那么谨慎的那些人之所以相信神迹
这样的东西，是因为我们的心灵受到好奇和惊讶的情感的支
配。这些情感让人格外乐意接受关于神迹的传闻。我们或者
大多数人都主动希望获得惊讶的感觉。我们喜欢不寻常的事
物。它们有意思。相信它们是一种乐趣。为了佐证这种心理
学观察，休谟举了一个很好的例子，即毫无根据的谣言，比
如闹得满城风雨的婚姻八卦。情感的影响同样有助于解释为
什么神迹故事能够流传。跟别人讲述它们可以得到极大的乐

趣，就像很多人会乐此不疲地谈论惊人的巧合、占星术、得到应验的梦之类的东西。当然从历史上看，讲述超自然事件除了有趣，还有其他一些功能，比如通过宣称自己拥有某种神力，倾轧甚至最终迫害和杀戮他人。恐惧和仇恨也可以给人类带来乐趣。

还有其他东西诱使人们相信神迹："明智之人非常空泛地相信任何能让报告者的情感得到满足的报告……但是，还有什么能比充当来自上天的布道者、先知和使者更具诱惑力呢？"（E 10, p. 182）让别人知道自己能和上帝沟通，这可不仅仅是一种乐趣。从奋兴派（revivalist）传教士的例子就可以看到，这可以让自己变得尊贵，享受别人的吹捧，赢得权力、鲜花、性伴侣以及财富。

休谟依据功能词项对信念本身所做的解释也有助于说明我们的认知缺陷。这种解释使他很容易看到情感对信念的影响，而不会受到这种严格区分的妨碍：一方面是理性活动，信念便是由理性活动产生；另一方面是我们的情感，处于截然不同的大脑区域或者属于截然不同的系统，和所有的理性活动完全隔绝。对休谟来说，可以顺理成章地认为，想象某种情况为真可以赋予一个欲望一定的"强度和活跃性"，而这种情况实际为真又会对欲望的"强度和活跃性"产生影响——在此过程中，一个单纯的观念最终变成了一个十足的信念。这种状况发生与否完全是一个经验问题，而经验证明它确实发生了。我们只需想一想，对于各种他们希望相信的东西，人们是如何热衷于接受有利的证据，消除不利的证据。我内心念及的不可谓不典型的例子，便是受人爱戴的国家领袖们。

对于任何相信神迹的证言的人，休谟提到了另外一些问题。一个问题是，一种宗教的神迹和其他宗教的神迹在某种意义上是对立的。休谟那个时代的新教徒激烈抨击天主教神迹。双方又都把异教的神迹贬得一无是处，尽管根据休谟的看法，维斯帕西安皇帝拥有神力的证言至少跟任何其他神迹的证言一样引人注目（*E* 10, p. 178）。相比发现他人的愚蠢和欺诈，人们更热衷于维护自己对神力的垄断。

这非同凡响的一章所进行的推理几乎无懈可击，尽管从它发表直至今日，试图从中找出错误的人不在少数。有个疑难颇有意思，值得做些分析。这是理查德·普莱斯（Richard Price）对休谟提出的一个问题，普莱斯是一名数学家，1763年，他第一个向英国皇家学会介绍了托马斯·贝叶斯（Thomas Bayes）在概率运算方面的基础性工作。事实上，普莱斯有明显的动机想要在归纳问题和神迹问题上对休谟进行回应，提出概率理论中最重要的定理之一的贝叶斯本人大概也是如此。[34]普莱斯指出，下述事实看起来可以用于反对休谟的观点：我们常常用非常普通且易错的证言去证明可能性极小的事情。例如，报纸刊登彩票中奖号码就足以让人们相信那个号码中奖了，尽管直到有号码确认中奖，他们才如释重负。但是，报纸的可靠程度也许很一般，而且无论彩票的号码是多少，中奖的事前概率可能只有百万或千万分之一。

如果要对此详加分析，会相当复杂，但我们不难发现，上述情形和神迹的情形存在基本差别。报纸将要刊登某个号码，而某个号码将会中奖。假定报纸猜对的可能性尚可，比如说每次是4/5，我们必须比较这两件事的概率：它说这个号码中奖并且确实中奖，和它说这个号码中奖但没有中奖。诚然，某个号码中奖的事前概率非常低。但报纸说这个号码p.79中奖的事前概率也很低——实际上跟前者一样低。这个号码中奖的可能性也许是千万分之一，但报纸将其作为中奖号码刊登的可能性同样是千万分之一（我们可以根据报纸刊登的号码再次购买满意的彩票，但中奖概率和原先的彩票完全相同）。当这两者具有相等关系，它们就相互抵消，报纸猜对的可能性和开始时一样，保持在4/5。

差别在于，在神迹的情形中，没有数据表明有任何事前概率低的事发生。事前概率只能是故事的出现概率，虽然没有那么高，但出现一个完美且可靠的神迹的低概率显然无法与之相较，因为我们都知道，这样的故事并不鲜见。而彩票的情形中有这种额外的数据。

贝叶斯的分析的确清楚地表明，如果我们事先认为"神迹"很可能存在，那么在这样的前提下，非常薄弱的证言也完全会让我们觉得足够有力。如果你事先预料剑桥会被飞猪围困，那么相比你对这桩祸事没有先入之见，当我进屋告诉你讲课路上被一只飞猪撞到，你会更容易相信我。于是问题就转向了先行信念（antecedent belief）的可靠性。如果你之所以认为剑桥会惹上这样的麻烦，是因为你曾听别人说他们见过这样的动物，那么我们应该质疑的是这种轻信，而你据此确信我遇到了意外，只说明你一如既往地轻信他人。在休谟的文化（以及我们的文化和诸多其他文化）里，人们用神迹来证明他们和超自然力量的联系，但没有通过其他理由确认特定的历史人物拥有超自然力量。

　　不熟悉关于神迹的讨论的读者有时候会问，要是作为主体的我亲眼看见一个神迹，或者自己内心感受到启示的力量，听见上帝说话的声音，这意味着什么？直率的回答是，你不会碰到第一种情况。如果你觉得自己碰到了，就应该像对待他人的证言一样对待你的感官证据。有时候我们不应该相信自己的眼睛。里奇·杰伊（Ricky Jay）大概是当代最伟大的魔术师（手法魔术师和道具魔术师），我曾经有幸坐在前排欣赏他的表演。我亲眼看见，凭空冒出鸡蛋，把一副纸牌洗成同一花色，等等。或者至少可以说，我的视觉告诉我，我看到了那样的情景。但我完全没有相信它们的念头。我不知道我实际上看到的是什么，这正是表演者的高明之处，但我丝毫不怀疑，舞台并没有上演什么奇迹。至于内心的启示，我们首先要记住，它常常受到证言的影响（狂热的基督徒可以看到和听到由他们的信仰而潜移默化的那种东西；伊斯兰教徒看到不同的东西，余皆类推）。单个的主体也许无法抗拒瞬间的强烈启示所具有的那种"力量和活跃性"。然而，他产生的信念不会因此就可以免受冷峻的可能性检验，无论对他来说自我剖析是多么困难。

休谟用绝妙的讽刺结束了讨论：

> 因此总的来说，我们的结论是，基督教不仅一开始就与神迹相伴，即便到了今天，没了神迹就不会有任何理智的人相信它。仅凭理性不足以让我们相信它的真实性；任何一个受信仰驱使而皈依它的人，一定是亲身体验到了一种持续不断的神迹，这种神迹颠覆了他的理解的一切原则，以至于使他决意相信彻底违背习惯和经验的东西。（E 10, p. 186）

但持续不断的神迹当然并不存在。一个悲哀却普遍的事实是，休谟所描述的各种认知功能障碍使我们的心灵偏离其正常、自然的职责，即与本性所展现的统一性保持和谐。当人们想要相信某种东西，最终就会相信那种东西，而一支由占星家、灵视者、顺势医疗师、管理顾问、神职人员和信仰治疗者组成的队伍已经在伺机而动。

p.81

134

9

自然宗教

克里安提斯，总而言之，一个遵循你的假设的人也许能够断言或猜想，宇宙是在某个时间起源于某种类似设计的东西，但除了这样的观点，他无法弄清任何一种情况，此后只有尽可能地通过幻想和臆测，来修补他那漏洞百出的神学理论。就他所知，如果用某种更高的标准来衡量，这个世界远远够不上完善和完美，它不过是某个幼稚的神初试身手的拙劣之作，后来这个神为自己的蹩脚表现感到羞愧，于是就抛弃了它；它是某个仅处于从属和次要地位的神的作品，在高等的神面前，只会沦为笑柄；它是某个年迈的神在垂暮和昏聩状态下的产物，凭借从他那里获得的原始动力和活力，它在他死后一直胡乱地运转……狄美亚，你有理由对这些奇怪的假设表示惊骇，

> 但这些都是克里安提斯的假设，不是我的，与它
> 们同类的假设还有上千个之多。自从认为神的属
> 性是有限的，所有这些假设就都产生了。就我而
> 言，我不认为如此粗陋和混乱的神学体系相比毫
> 无体系能有任何方面的可取之处。

D 5.22

休谟说过，他的《自然宗教对话录》自出机杼，为其他
书所不能及，这部著作谈论的是有关上帝存在的论证，极易 p.82
触犯众怒，以至休谟只允许在他死后出版。事实证明，这部
精巧绝伦的著作引发了各种各样的解读，有的将休谟视为彻
头彻尾的无神论者，有的认为他属于信徒中较为冷静淡漠的
那一类。在我看来，只要我们充分领会他的论证，正确的解
读自会一目了然。而且我相信，正确的观点可以凸显休谟的
两种非凡品质：他转化问题的能力是如此卓越，他在目标上
的经济性又是如此优美。因为他以一种至今仍未被理解的方
式重塑了宗教争论的标准，并恰到好处地给出了证成他自己
的宗教怀疑论所需的东西。

这部著作由三人之间的一系列对话所构成：其中斐罗是
一名宗教怀疑论者，克里安提斯赞成上帝存在的"设计论
证"（argument to design），狄美亚则主张上帝的存在可以得

到某种类似数学或逻辑的证明。对休谟来说，相比其他两人，狄美亚的立场不大重要，这与他那个时代普遍的神学氛围相吻合。18世纪神学的典范便是设计论证，这种观点认为，大自然的秩序宣示了造物主的荣耀。恒星与行星的和谐运动，以及动物生命无穷的复杂性和精密的适应性，都是神圣建筑师无限的力量与智慧的明证。因为正如船舶和钟表的出现给了我们确凿的理由相信设计和工艺的存在，大自然的类似结构给了我们确凿的理由相信神圣创作者的存在。如今这样的论证依然盛行：它几乎是当代一切传教活动的中心思想，也是神创论者和所谓智慧设计（Intelligent Design）的鼓吹者们的拿手好戏。

在这部著作的十二篇对话里，斐罗自始至终都在对设计论证提出尖锐的质疑，这占据了全书的很大篇幅。斐罗指出，设计论证是一种类比论证，然而人类结构和大自然的整体结构之间的任何类比都是牵强和空泛的。他指出，我们无法从设计的事实推出有一个统一的设计者：船舶和钟表是无数设计者经过一代又一代的努力，在不断试验和犯错的过程中逐渐改善前人设计所得到的成果。他追问潜藏的无限后退，即设计者本身是设计的产物。他指出，如果说世界"类似"任何人类结构，那么它跟动物或植物同样完全类似。他指出，我们熟悉的设计意味着由人工发明，而这只是宇宙角落里发生的一件微不足道的小事——所以为何将它作为整个宇宙的至高模型？他提醒我们，在我们所知的世界中，心灵依赖于肉体，而不是相反。他指出，依靠设计论证，实际上会让严酷的自然状况和一个至善、全知且全能的上帝之间的关系更加难以调和，因为从上帝那些时常遭受痛苦和折磨的造物出发，显然不可能推出上帝是至善的。但这又是所有依靠设计论证的人必须要做的。他嘲笑宗教信徒将嫉妒、愤怒之类的人类情感归于上帝。因为，我们的情感是在我们的处境中"用于维持我们的生存并提升我们的活力"。既然一神论者的上帝并不身处任何特定的自然或社会环境，狄美亚直言不讳地指出"将这些情感转移到一个至高存在的身上，或者认为他受到这些情感的驱使，是没有道理的"（D 3.13）。所有这些内容构成了全书的主体部分，休谟以睿智、轻松又充满喜剧效果的方式对它们作了浅显易懂的阐述。

斐罗实际上已经摧毁了设计论证，但令人费解的是，他回过身又承认它是有说服力的。而且，这些人的争论是在青年学生潘斐留斯的亲眼见证下进行的，潘斐留斯在全书最后的评价是，克里安提斯最接近于真理，这显然与论证的真实取向完全相悖。所以，当彻底的宗教怀疑论看起来已经大获全胜时，休谟却罢手言和了，甚至还承认他的对手掌握了事情的真相。这实在令人困惑。实际上，一种有吸引力的看法 p.84
是，休谟运用了关于外部世界的哲学推理和自然信念之间的区分，我们在第4章碰到过这种区分。也许斐罗着重怀疑的不是宗教信念，而是支撑宗教信念的理性能力，就像我们在前面所见，休谟怀疑的不是自然世界，而是试图对它提供一种满意理论的理性能力。由此得到的是一个"摧毁理性给信仰留下空间"的休谟，而且更好的一点是，宗教信念相比关于椅子和桌子的信念并不处于更糟的境地。

这里的问题原本可以在上一章的末尾提出。毕竟，我们原本可以追问，休谟有什么理由指责迷信活动，或者在特殊的激情或渴望的影响下所形成的荒谬信念？这并不是说，休谟好像是以合理的、或然的信念为背景，与这些信念进行对比。恰恰相反，如果迷信和造成迷信的机制是自然的并且相当普遍，它们为什么就不能跟关于椅子和桌子的信念，或者太阳明天会升起的信念相提并论？如果我们对自己"应当"相信什么毫无概念，又怎么知道什么是不应当相信的呢？

差别在于，全世界的人都接受同样的自然信念体系：我们都认为自己身处一个有着各种相对稳定的物体的空间中，我们在这些物体间活动，并且基于日常的统一性才能以熟悉的方式继续活动。但人们看到的超自然世界却不尽相同。有些人看到幽灵、鬼怪和巫师；有些人看到一个上帝，不过后者并不介意对不同的人讲不同的话；还有些人看到诸多的神。一旦考虑具体情况，没有什么宗教可以得到普遍、合理并高度实用的自然信念的维护。因此，休谟毫不留情并且毫不迟疑地抨击宗教和宗教精神，或者至少是见诸历史记载的宗教和宗教精神。自然信念对生活而言必不可少，宗教信念则远非如此，而且往往相反。无论是着眼于信念，还是着眼于情感和道德，宗教信念都会妨害人道与仁爱，并阻遏心灵

の一切自然倾向。我们的本性不会维护宗教信念，关于外部

世界的自然信念所立足的实用主义同样如此。

那么为什么斐罗看似低头认输了呢？有的解释认为，休谟这是出于谨慎，显然是以假意尊重宗教信念来掩饰他真实的怀疑论。倘若休谟是在生前出版这本书，这种解释或许可以接受。用反讽的方式表达对传统的宗教虔诚的尊重，当然是休谟的一项才能，而且确实也是18世纪的怀疑论者的一种惯用技巧。但是，既然他完全不想把这部著作公之于众，这样的谨慎未免多余。

那种令人意想不到的反转出现在最后一篇对话中。怀疑论者斐罗如是说道：

> 在所有科学的引导下，我们几乎不知不觉地承认
> 存在一个最初的智慧的造物主，科学并不直接表
> 明这种意图，因而往往会获得更大的权威……这
> 个时代的哲学家如果还能怀疑一个至高智慧者的
> 存在，他得冥顽不灵到何等地步？（D 12.2-3）

休谟充分理解并至少在这种意义上同情设计论证的诉求，尽管作为一名怀疑论者，他当然非常乐于见到这种可能性：设计论证会让我们陷入某种幻觉。我们是否应该认为，这显示了一位伟大的异教徒内心深处仍然残存着一丝若有若无的宗教精神？我们必须读一读斐罗接下去说的话：

　　我要问有神论者，他是否承认，人的心灵与神的心灵之间存在一种不可理解因而大到无法估量的差异，他越是虔诚，就越乐意给出肯定的回答，也就越倾向于夸大这种差异，他甚至会断言，这是一种再怎么夸大也不为过的本质差异。然后我要问无神论者，我知道，他只是名义上如此，绝不可能是认真的，我问他，从这个世界所有部分的融贯性和显著的协调性来看，是否无论哪种情况和哪个时期，大自然的一切活动都有某种程度的相似性，蔓菁的腐烂、动物的生殖以及人类思想的结构所蕴含的能量，相互间是否也可能有细微的相似之处，他不可能对此加以否认，而是会欣然承认。得到这种承认之后，我会促使他继续让步，我又问他，最初安排并始终维持宇宙秩序的那条原则，与大自然的其他活动尤其是人类的心灵和思维活动，是否也具有某种细微的、不可思议的相似性。无论多么勉强，他都必须表示同意。于是我就高声问这两位对手，你们争论的主题何在呢？有神论者承认，创世者的智慧和人类理性大不相同；而无神论者承认，创造秩序的原则和人类理性有些许相似。先生们，你们愿意卷入一场关于相似程度的争论吗？这种争

论没有任何确切的意义，因而也不会得出任何确
定的结果。（D 12.7）

休谟在这里揭示了他的怀疑论的真正用意。它着重针对的不
是"上帝的存在"。令人惊讶的是，这不再值得争论。它针
对的是通常认为由上帝的存在所蕴含的那些结果——实践上
的，情感上的，道德上的，关于希望，关于恐惧，关于生活
的全部事务。换言之，休谟意识到，为了确立关于"庸俗"
（vulgar）的宗教实践的怀疑论，他无须质疑上帝存在这一断
言本身，可以把它放在一边。只要设计论证没有让你得到关
于上帝本质的有用概念，这个断言就毫无意义。正如维特根
斯坦在另外的语境中所言，虚无之物可以像不可言说的实
有之物一样满足我们的需求。

　　休谟就这样转化了问题。自然宗教依赖人类的理性能力
去传达关于上帝的存在与本质的信念。这正是《自然宗教对
话录》的关注点。休谟消解了它的重要性，所以最后甚至不
想费力去争论它的真假——这便是斐罗做出妥协的目的所
在。如果潘斐留斯把奖赏授予克里安提斯，乃是一个极大的
讽刺，因为明智的读者可以看到，这时克里安提斯的论证已
经失效了：他实际上已经和怀疑论者斐罗没什么分别。

　　这当然是一种惊人的转换，以至无论是当时还是后来，
极少有论证上帝存在的人能够理解它。这些人认为，一句
"上帝存在"意味着很多东西：有了对生活苦难的慰藉，有

p.87

了期盼，有了希望，有了行动指令，有了可以参加的仪式，特别是有了一群蓄着胡子、穿着长袍和便鞋的博雅之士，教导你如何才能不违背上帝的旨意，等等。但如果这句话的含义不过是设计论证的结论，那么它不会带来任何东西。你所得到的充其量是某种跟人类理性以及星辰或蔓菁等诸多自然事物有些许相似的东西，而这居然能创造整个世界。如果我们可以依据我们所经验的世界，确定自己该期盼什么、该如何行动、该赞赏谁、该拒斥哪种行为，当然是件好事，并且正如我们已经看到的，休谟认为我们可以。但如果你做不到这一点，转而关注超自然现象是无济于事的。我们横竖只能依靠自己。

最清晰地表达这种思想的是来自《人类理解研究》第十一章（"关于特殊天命和来世状态"）的这段话：

> 你们发现某些自然现象。你们寻找一个原因或创造者。你们想象自己已经找到了他。尔后你们变得如此迷恋自己头脑的这个产物，以至于认为他不可能来自头脑，而必定创造出了某个比充满弊病和混乱的现状更美好、更完善的东西。你们忘了，这种至高无上的智慧和仁慈完全出于想象，或者至少没有任何理性基础；你们忘了，你们除了可以看到他的那些作品所实际呈现和展示的东西，没有任何依据再赋予他任何属性。因此，哲

学家们，就让你们的诸神适应自然的现有面貌
吧：不要为了使这些面貌符合你们一厢情愿地归
于诸神的那些属性，就妄自用任意的假设去改变
它们。（*E* 11, p. 191）

休谟给出的结论是：

> 当我们从自然秩序出发进行论证，并推断存在一
> 个特殊的智慧源头，是它最初赋予并始终维持着
> 宇宙秩序，我们由此就接受了一条既不确定又无
> 用的原则。说它不确定是因为，这种主体完全超
> 出人类经验所及的范围。说它无用是因为，我们
> 对这个源头的认识完全是基于自然秩序，那么依
> 据正当推理的规则，我们绝不能反身从这个源头
> 出发进行任何新的推理，或者对通常经验到的自
> 然秩序进行补充，以建立任何新的行为和活动原
> 则。（*E* 11, p. 194）

休谟对问题进行转化是因为他发现，人类只有带上随身行李
才能从超自然旅店结账离开。如果你或你的文化厌恶同性恋
者，那么当你查询自己头脑中浮现或者圣典里读到的上帝之
言时，就会发现这样的东西。如果你或你的文化认为女性不
如男性重要，你就可以看到这一点。如果你反感对抗，就会

得到转过另一边脸的指令；如果后来你打算窃取邻居的土地，那么翻开某一页就可以读到上帝的话，告诉你只管去做。如果你处于一种奴隶制文化，就可以找到向谁贩卖奴隶或者从何处购买奴隶的建议。如果虔诚的你相信女巫使庄稼枯萎，就会有一位上帝吩咐你将女巫杀死。

p.89 这里我们也可以看到休谟在目标上的经济性。一个平庸的思想家会像大多数人一样，在上帝存在的问题上纠缠不休，并自以为是地提出一些没什么说服力的证明或反证。幻想自己是哲学家的科学家们最后通常就会这么干。休谟比任何人都善于剖析这些论证。然而他明白，结果永远都有争议，当然他也完全不相信，在这个纠缠不清的领域中，有谁能够证明一个肯定或否定的结论。所以，他采取了另外一种做法，表明结果完全不重要。他将自己不需要的牌悉数垫出。他之所以能这么做，是因为剩余的牌足以让他赢得牌局。重要的是人们希望得到的那些所谓由上帝存在所蕴含的东西。而通过提出针对这些东西的怀疑论，休谟干净利落地消除了问题。

由于休谟不是按常理出牌，我们有必要从一个不同的角度进行探讨。一种宗教可能告诉我们某种东西存在。但重要的是，我们接下去该怎么办。这往往取决于解释者，通常是那些身着长袍和便鞋的老者。他们规定仪式如何举行，牺牲如何供奉，恪守什么行为，尊崇什么信条，哪些事要敬畏，哪些人要压迫，哪些话要铭记。他们讲述天国之路，或地狱之门。这就是重要之事：人们的质疑、异议和嘲讽会招来杀身之祸。但关键点在于，至此整个宗教实践与任何真实的实体毫不相干。神话可以像事实一样维护这种实践，确证那些蓄着胡子、穿着长袍和便鞋的人的权威。因此，如果我们致力于解决上帝存在的"本体论"问题，矛头就指错了方向。人们如何对待上帝才是重要的，而无论他们实际上做些什么，真实的上帝和虚拟的上帝谈不上孰优孰劣。使生活变好或变坏的是这种实践。相对于真正重要的事来说，本体论不再重要。

所以，休谟不是一个"独断"的无神论者，更不是有神论者的同路人。这两种立场都和他的怀疑论者身份不相符。真正与之相符的立场是，彻底否认有神论者的这一假定：依据他那空洞、晦涩的关于存在的主张，真的可以得出某种东西。归根结底，"宗教精神"不应被视为形而上学沉思，而是依赖于某时某地与之相联系的伦理道德。就其本身而言，对上帝存在的肯定以及否定，既不会增进也不会减损这种伦理道德。如同休谟的因果关系理论一样，重要的是我们如何对待宗教信念。形而上学包括关于神学实在的形而上学，乃是无用的累赘。

人类的诸神是危险的事物。他们放大我们的道德要求，就像用扩音器高喊它们。所以在《自然宗教对话录》里，克里安提斯试图运用一种道德策略，认为宗教凭借永恒的胡萝卜加大棒，即上天堂的许诺和下地狱的威胁，"无论多么腐

p.90

败", 都胜过没有宗教:

> 因为正如我们在日常生活中所发现的, 有限和暂
> 时的奖赏与惩罚都有如此显著的效果, 可想而
> 知, 如果奖赏与惩罚是无限和永恒的, 效果该有
> 多么可观? (D 12.10)

斐罗否定了这种想法。人类习惯于顾好脚下和眼前, 而不关
心任何渺不可测和遥不可及的东西。他用一种常见的观察来
加强这一观点:

> 宗派斗争、内战、迫害、颠覆政权、虐待、奴
> 役, 当[宗教]普遍地支配人们的心灵, 总是会带
> 来这些悲惨的后果。但凡有任何历史记录提到宗
> 教精神, 随后我们准能看到由它造成的诸般不
> 幸。没有什么时代能比宗教销声匿迹的时代更幸
> 福、更繁荣。(D 12.11)

而当克里安提斯非常没有说服力地提出, 这只是错误的宗
教、失控的宗教, 斐罗回答说, 宗教一贯如此, 而且更糟糕
的是, 宗教将自己关于虔诚和美德的观念强加于人:

> 即便迷信或狂热本身没有直接违背道德, 却

容易转移人们的注意力，培植各种新的、轻佻的
所谓美德，对奖赏与惩罚进行荒谬的分配，这必
定会产生极为恶劣的后果，并极大地削弱人们与
正义和人道的自然动机之间的联系。

　　而且，这样一种行动原则由于全然忽视人类
行为的正常动机，只能根据人们的情绪间歇地起
作用，必须努力不懈地加以激发，才能使虔诚的
狂热者对自己的行为感到满意，并完成他的神圣
使命。人们带着表面的激情投入许多宗教活动，
此时的内心却感到冷漠和倦怠；于是逐渐染上伪
装的恶习，欺骗和虚伪变成主要的原则。这就是
为什么通常可以看到，最高的宗教热情和最深的
虚伪非但不矛盾，还往往在同一个人的品性中结
为一体。（D 12.16-17）

　　对休谟来说，迷信和盲目崇拜相联系，而罗马天主教会
的各种典礼和仪式都是盲目崇拜的产物。休谟对那些东西不
屑一顾，但他更厌恶"狂热"（enthusiasm）心理，即自负地
确信，与上帝直接对话并由此直接获得行为指令的特权，属
于长老会和清教徒教会的选民。随同迷信产生了对神父的盲
目服从，随同狂热产生了对摒弃传统或日常道德的生活的纵
容和幻想。有证据表明，当休谟撰写17世纪的英国历史时，
开始将狂热视为全体民众的一种疫症，因此实际上弱化了对

152

迷信的批判，认为它是两种罪恶中较小的一种。在他那时，苏格兰当然有足够多的狂热分子来掀起这样一场运动。休谟去世后不到十年，罗伯特·彭斯（Robert Burns）在"威利长老的祈祷"（Holy Willie's Prayer）一诗中绝妙地描绘了一个心胸狭窄、睚眦必报、伪善好色的长老会长老。对于宗教精神的负面影响，以及宗教义务如何经常排斥"所有关于仁爱和仁慈的一般戒律"，还有很多论述散见于休谟的各部著作。事实上，一个"明智的裁判官"所能做的至多是进行适度的嘲讽，并尽可能地使政治事务远离宗教精神。

如果像我所论证的，《自然宗教对话录》只是集中阐述了休谟已出版著作中零散展现的对宗教及其辩护者的态度，那么他为什么只允许在自己死后发表呢？在大约三十年的时间里，他出版了另外一些关于宗教的怀疑论作品，包括《人类理解研究》的两章内容（"关于神迹"和"关于特殊天命和来世状态"），这精心构思的两章所反对的宗教情感，跟《自然宗教对话录》里的那些一样恶劣。到了生命的最后十年，休谟已然成为爱丁堡的一名耆老，发表与否都不会有什么损失，反倒是《人类理解研究》出版时，他有充分的理由担心自己的前途。答案也许是出于他对苏格兰教会温和派牧师的礼貌和友情。也许他只是厌倦了争论。也许他预见到自己的观点不会被理解，因而有所顾虑，他不愿因看到自己的哲学著作又一次遭到误解和诋毁而大失所望。我们可以肯定，休谟有这样的先见之明。在临终前写给挚友亚当·斯密

（Adam Smith）的一封著名书信中，休谟描述了他是如何自娱的，他想象要跟神话中将死者的灵魂带往冥府的摆渡者卡戎（Charon）提出哪些借口，才能让自己的死期延后：

> 作为消遣，他杜撰了几个可以向卡戎提出的、令人莞尔的借口，并想象卡戎对此做出了符合其身份的粗暴回答。他说："经过一番思考，我想我会对他说，仁慈的卡戎，我正在修订新版的著作。请宽限一些时日，我就可以看到公众是否接受这些更正。"但卡戎的回答是："当你见过这些更正的效果后，又会做出另外一些更正。这些借口就会无尽无休，所以，诚实的朋友，请上船吧！"可他仍要力争："仁慈的卡戎，请再耐心一点，我一直努力开启公众的心智。倘若我能多活几年，也许可以欣慰地看到某些盛行的迷信体系的垮台。"然而这时卡戎不留情面地勃然大怒："你这磨叽的无赖！再过几百年也不会发生这等事。你居然妄想我会给你延长那么久的寿命？赶紧上船，你这拖沓、磨叽的无赖！"[35]

p.93

休谟是对的：他死后不到四十年，随着19世纪基督教复兴运动的兴起，维多利亚时代宗教狂热的阴霾岁月来临了，上一个世纪如此笃定地接受的教训，看来已被欧洲人遗忘。

总而言之，对神迹和"自然宗教"的讨论杜绝了将宗教建立在理性基础上的企图。但休谟所做的不止于此。他还让我们看到，产生宗教的心灵机制和那些使我们能够恰当应对自然世界，或者彼此过着体面生活的心灵机制相去甚远。它们充其量是某些倾向所带来的糟糕的副产品，当我们只限于处理其他领域的事务时，这些倾向对我们颇为有利。而我们绝对否认不了的是，无论存在与否，上帝都没有让我们变得更加高尚。

p.94

10

品　味

有一种哲学，让试图找到品味标准的一切希望都破灭，认为绝不可能得到任何品味标准。判断与感受据说有着天壤之别。所有感受都是对的，因为感受并不指向任何超出它自身的东西，并且每当有人意识到它，它都是真实的……同一个对象可以激发一千种不同的感受，这些感受都是对的，因为感受并不表征对象所包含的实在属性。它只是显示对象与心灵的官能或机能之间有一种契合或照应，倘若这种契合实际上不存在，感受也就绝无产生的可能。美不是事物本身包含的属性，只存在于思考事物的心灵之中，而每一颗心灵都可以感受到不同的美。

ST 7, pp. 229-30

当谈到品味（taste），休谟很大程度上是一名实用主义者。就像后来的进化心理学家一样，他相信我们习惯于享受"舒适"和"实用"的东西所带来的快乐。人类中的佼佼者都健康、强壮、敏锐、协调，从而能很好地适应生活。休谟的美学关注的不是荒野和山峦之美，而是沃土和琼楼之美，韶苑和胜景之美，毫无瑕疵的自然之美，"人的眼睛乐于看到丰收在望的玉米地和葡萄园，饲养马群和羊群的牧场，但对财狼与毒蛇出没的蒺藜和荆棘之地避之不及。"（*EM* 2.9, p. 80）休谟的这种观点属于18世纪早期，此时的人们还不能欣赏怪诞之美或"崇高"（sublime）之美。因此大多数情况下，人们对人和物美不美的判断，取决于"便利性和实用性"的展现。休谟的品味是传统的、古典的或者"奥古斯都式"的，他把荷马奉为最高典范，相比自由风尚，他更加倾慕维吉尔、西塞罗等古代作家。他很少引用莎士比亚，而且可以肯定，浪漫主义者会让他感到惊诧。他的标准是优雅、机智、风趣、直抒胸臆、引经据典，以及在"精致"和"朴素"之间得乎其中。

要明白审美或者他所说的"品味"对休谟何以重要，我们需要厘清一些背景。"品味"在18世纪受到极大的关注。它成为一种美德，与道德上的卓越联系在一起，并且是跻身上流社会的一项必不可少的条件。艺术作品要得到青睐，必须具有古典品质：秩序、和谐、均衡与"庄重"（decency）。对品味的强调，以及对某种品味的推崇，都可以看成是为了平息某些忧虑。首先，在一个财富和消费不断增长的年代，品味作为精神品质能够减轻对"奢靡"和不劳而获的指责。在品味的掩饰下，挥霍就变得名正言顺。品味也是社会流动的润滑剂：刚刚暴富的商贾想要最终爬到社会上层，就得遵从品味的要求，无论是家具的陈设、穿着的搭配、画作的装饰还是花园的布局。另外，它还有助于拒斥上一个世纪清教徒的"狂热"所带来的混乱和粗鄙。在诸如沙夫茨伯里伯爵三世（the third Earl of Shaftesbury）的作品里，品味和美德相联系，而美德无非就是在社会中表现出来的行为举止方面的品味。

不过，随同对品味的崇尚，品味本身引发了一种潜在的忧虑。《鉴赏家》（*The Connoisseur*）杂志在1756年（翌年休谟就写了《论品味的标准》一文）写道：

p.96

> 当今的文明世界对品味顶礼膜拜。淑女和绅士须有衣着品味；建筑师须有建筑品味，无论是哥特式还是中国式；画家须有绘画品味；评论家须有阅读品味；一言以蔽之，小提琴家、演员、歌星、舞者甚至机修工，全都是品味的信男信女。然而，在这个言必称品味的美妙世界，罕有人能说出品味究竟是什么东西，或者这个词本身是什么意思。[36]

那时跟现在一样，人们纷纷反对品味至上，并对品味的泛滥大加嘲讽，这或许印证了皮埃尔·布尔迪厄（Pierre Bourdieu）后来说的话，即品味是"强者向弱者施加的符号暴力（symbolic violence）"。[37]鉴赏家毕竟形象暧昧，常常是既受到尊敬、又遭到讥笑的人物。让-雅克·卢梭旋即以本真性（authenticity）和自然的名义，举起反抗高雅和文明品味的大旗：通常所谓的品味取悦的是那些骑在我们头上的人，"艺术家、富豪和名流，而他们自己追逐的是私利和虚荣"。[38]休谟非常理解这种质疑，但他的任务是对这种质疑进行中和，同时避免落入与之相对的、自鸣得意的精英主义论调的圈套之中。

提出一种品味哲学的时机在当时已经成熟，休谟在多篇文章里反复讨论这一话题，从最早写于1742年的《论品味与情感的细腻性》（Of the Delicacy of Taste and Passion），到《论写作的朴素与精致》（Of Simplicity and Refinement in Writing），再到《论悲剧》（Of Tragedy），特别是其中最有影响的一篇，即《论品味的标准》（Of the Standard of Taste）。尽管这篇文章以一段怀疑论话语作为开头，但休谟认为关于品味的美德是存在的。当说到老生常谈的"品味不可争"（*de gustibus non est disputandum*）时，休谟指出：

> 虽然这条化为格言的准则看起来得到了常识的认
> 可，但根据另一种常识，应该否认这条准则，至

164

少要对它进行调整和限制。谁要是断定，论才华
与典雅，奥格尔比和弥尔顿难分伯仲，或者班扬
和阿狄生不相上下，人们会觉得他故作惊人之
语，就好比宣称丘阜和山脉一样巍峨，池沼和海
洋一样浩渺。（*ST* 8, pp. 230-1）

休谟这里举的例子不太妥当：奥格尔比几乎已被彻底遗忘，
弥尔顿在今天也并非广受称誉，而知道班扬和阿狄生的读者
也许更喜欢班扬。但这不妨碍休谟的总体关切，即对于美能
否成为一个实在主题，以怀疑论为一般背景，证明"有品味
的人"具有美德。

就像在道德领域，审美领域中也有"对自己或他人有
用，或者令自己或他人愉悦的心灵品质"。这些品质在不同
的人身上会得到不同程度的体现。因此休谟给自己提出的问
题是，就关于美和价值的判断是否表征实在、独立的事物属
性而言，以怀疑论为一般背景，理解这些美德的本质，以及
它们的权威的本质。有人也许已经注意到，后来康德试图理
解审美，撰写《判断力批判》（*Critique of Judgement*）时，
面对的几乎是一模一样的问题。

遇见美的事物和人可以给我们带来快乐，因此我们首先
要谈论的是让我们感到愉悦的东西。休谟在《人性论》中说：

如果我们考察一下由哲学或常识提出的、用以阐

165

明美与丑的区别的所有假设，就会发现，它们全
都可以归结为这一点：美就是诸多部分形成的一
种秩序和结构，由于我们本性的基本构造、习惯
或是想象，这种秩序和结构可以给灵魂带来愉悦
或满足。这是美的显著特征，美与丑的巨大差异
也在于此，丑的自然倾向就是使人产生不适。因
此，快乐和痛苦不仅必然伴随着美与丑，还构成
它们的本质。(*T* II.i.8, p. 299) p.98

所以，休谟这篇文章一开始就提出两种对立的思想，各自都
很有吸引力，然而看起来相互抵触。一方面，被我们奉为圭
臬的一句话是，美存在于观赏者的眼中，还有那句相关的格
言，品味不可争。另一方面，我们要从事批评，并以各种方
式假定一种品味优于另一种品味，或者就我们对文学作品或
艺术作品的反应方式而言，我们可能误解或犯错。我们设定
成功的标准，实际上不仅仅是批评家，努力创作出成果的艺
术家同样会考虑成功或失败的可能，追求成功之作，不满失
败之作。创造的过程，以及评价和判断的过程（与创造的过
程相随），都要求遵从这样的思想。否则艺术家的努力就不
知付诸何处了。也许有人会说，现代艺术已经丢掉这种观念
（"这跟我四岁的小孩画得一样"），但这恰恰就是充斥着
毫无意义和令人扫兴的作品的原因。

休谟提醒我们诉诸"时间的检验"（test of time）来调和

两种对立的思想。有些作品风靡一时，但很快就遭到冷落和遗忘。而另外一些作品无论人们的品味和意见如何变化，都可以与世长存，比如荷马史诗。因此，存在一些作品，它们出于某种原因"适合"（fitted）唤起尊崇、钦佩和愉悦的感受。一名出色的批评家的任务，就是让自己处于能够使这样的作品发挥其影响的状态。

要做到这一点，需要满足若干条件。首先，批评家必须处于健全的状态：

> 发烧的人不会坚持他的舌头还能尝出不同的味道；患黄疸病的人也不会自称能够做出关于颜色的判断。每一个生物都有健全的状态和失调的状态，只有前一种状态才能给我们提供关于品味和感受的真实标准。（*ST* 12, pp. 233-4）

p.99

这种健全状态包括"心灵平和，头脑清醒，注意观察对象"，要客观而专注地感知一件作品，这些都不可或缺。由此，批评家有四种美德值得我们注意：敏于或精于鉴赏；丰富的实践经验，尤其是对作品进行比较的经验；免于偏见；最后是"良好的判断力"（good sense）或者深刻的理解力。尽管休谟在文章中没有特别强调，但我们可以认为，他所说的良好的判断力包括各种具有敏感性（sensibility）的能力，尤其是细致入微的、由实践养成的想象力和同情心，这对我们理解彼此都是必要的。

在休谟列出的美德清单里，每一种品质看起来都像是漂亮的修辞，他似乎太过天真，很容易让自己成为卢梭或者布尔迪厄之类的民主主义者的抨击对象。但是，休谟的这种观点无疑是正确的，即一个人如果不能辨别不同的作品，或者对某类作品完全陌生，或者出于偏见先入为主地喜欢或讨厌某件作品，或者是休谟所说的蠢材（blockhead），那么这个人的意见多半无足轻重。而这跟精英主义毫不相干：摇滚歌手或者说唱诗人只会听取符合这些条件的人对其作品的评论或评判。

那么，评判者或批评家的工作是什么呢？一种简单的回答是，作品确实具有某种程度的美或价值，批评家的工作便是对此进行衡量。例如，当休谟谈到"广泛和普遍的美"，似乎就暗示了这种回答。然而，这跟休谟的价值理论完全格格不入。它忽视了对信口谈论事物的"真正价值"进行怀疑论攻击所具有的力量，也忽视了休谟本人支持的那种哲学，认为"感受并不表征对象所包含的实在属性"。休谟从未否认他文章的前六段话中提出的情感主义原则。他要面对这些原则，努力为批评的实践进行辩护。

休谟的一些措辞表明，还有另外一种同样简单的回答：批评家试图预测或猜测历史的结论。也就是说，批评家认为自己可以恰当地预示人们随着时代推移所做的评判。按照卢梭的表述，品味就是判断大多数人喜欢什么或讨厌什么的能力。这就好像我参加一场普选，比如说我喜欢某候选人，于是期望别人也是如此，从而预测他能够当选。我相信自己具有足够的代表性，可以期望大部分人会产生和我相同的反应。虽然这种观点被归到休谟身上，但它显然不是休谟的观点。当你对一幅画或一部文学作品做出反应，你不是在赌大多数人的想法是否跟你不谋而合。如果我给出判断"老大哥（Big Brother）令人作呕"，我并没有猜度大多数人认为老大哥令人作呕——实际上，我知道他们热爱老大哥。正如后来康德在《判断力批判》中谈到他口中的审美判断时所说，评价涉及的不是人们实际喜欢或讨厌什么作品，而是他们应当喜欢或讨厌什么作品："我们断言的不是所有人将会认同我们的判断，而是所有人应当同意它。"[39]

此外，这种观点之所以完全不能令人满意，是因为用来解释批评家或评判者的工作是什么时，它只起到转嫁（passing the buck）的作用。也就是说，这种理论认为批评家试图预测其他批评家或者公众的评判。那么这些评判的性质是什么呢？它们是不是试图预测另外一些批评家的评判——后面这些批评家又接着做相同的事？

最后，这种解释与休谟对优秀批评家的特殊美德所赋予的重要性极不相称。它符合卢梭眼中那种人口统计（demographic）观点的宗旨：恢复多数人或平民的权利，反对教养阶层、文明人或者精英的专制。但这不是休谟所关心的。例如，我们可以考虑一下品味的细腻性。休谟借用《堂吉诃德》（*Don Quixote*）的一段故事来说明这一点。桑丘·潘沙的亲戚是颇有造诣的品酒师，一大桶酒里哪怕有一丁点污染，他们也能尝出来。其中一人抱怨酒里杂有皮革味，另一人则尝到了铁腥味，当酒桶（总共54加仑）倒空之后，桶底果然有一把拴着皮带子的铁钥匙。毫无疑问，这样的品味极为细腻，而正因为如此，这些大师实际上不能纯粹扮演一种人口统计意义上的角色，即不能成为其他人的评判或反应的预言者。倘若他们认为自己的反应具有代表性，就会预测别人也不喜欢这桶酒，但这是错误的，因为大多数人都尝不出铁腥味或皮革味。所以与此类似，非常内行的人，或者比大部分人有更丰富的比较经验的人，或者有幸拥有更良好的判断力的人，都不具有代表性，实际上没有资格认为自己一人就可以代表大众。[40]

p.101

因此问题仍然是：批评家要干什么？所谓"应当"从何而来，我们为什么要听从这种说法？对休谟而言，这可以转化为批评家的美德为什么是真正的美德的问题，而正如我们已经看到的，对这一问题的回答必须依据这些美德之于我们的价值，说它们"令人愉悦"和"有用"，也许仅仅是不准确的表述。

休谟早年的文章《论品味与情感的细腻性》提供了一种有益的解释。在这篇文章里，休谟谈到对生活的快乐与痛苦的一种强烈的敏感性，可以造就具有细腻情感的人。总的来说，这种敏感性是一种诅咒。生活中的问题层出不穷，最好把它整个当作一个笑话看待，才不至于那么沉重。不过，品味的细腻是另一回事。生活的快乐与痛苦很大程度上不受我们掌控，所以如果对它们反应过度，常常会让人感到苦恼、忧郁和沮丧。但我们细腻地加以品味的事物确实可以为我们所支配，比如选择读什么书籍：

> 在有的人身上可以看到品味的*细腻*，跟这种情感的*细腻*非常相似，并且对每一种美与丑都产生某种敏感性，就像对安乐与困厄、恩惠与损害所产生的敏感性一样……一次友好而理智的交谈带给他莫大的欢愉，粗鲁和傲慢对他来说就像受到莫大的惩罚。简言之，品味的细腻和情感的细腻具有相同的效果：它们可以扩大我们的快乐与痛苦的范围，使我们能够感知到为其他人所忽视的快乐与痛苦……
>
> p.102 当一个人具有这种禀赋，那么比起满足他欲望的东西，合乎他品味的东西更能让他感到愉悦；比起给他提供最昂贵的奢侈品，一首诗歌或者一个推理能让他得到更大的乐趣。（《论品味与情感的细腻性》，*EMP*, pp. 4-5）

所以，拥有细腻品味的人有着不为芸芸众生所知的快乐源泉。再者，品味的细腻可以很大程度上消除对我们感受的干扰力量，使我们对什么东西真正值得我们心动、什么东西不值得我们心动有一个"更公允"的看法。实际上，休谟认为我们可以走得更远。文学和其他艺术所带来的乐趣不仅胜过生活中的各种欲望，还可以提升好的方面，克制坏的方面："它们使心灵从奔波劳碌和争名逐利中解脱出来，笃好沉思，趋向安宁，并产生一种令人惬怀的愁绪，在所有的精神气质中，这种愁绪跟爱情和友谊最为相宜。"因此，好的批评家所特有的那些心灵品质确实对他自己有用，或者令他自己愉悦。

对此我们或许无法完全信服，但我们也可能发现，要说清艺术和文学的价值何在，很难比休谟做得更好。鉴赏家也许可以从他的工作中获得更多的乐趣，但正如休谟也注意到的，细腻的品味本身可能导致不满，因为由符合品味标准而得到认可的东西越来越少。其实对于乐趣，休谟大体上持一种颇为民主的态度：

> 对象本身没有任何意义或价值。只有通过［我们加诸它们的］情感，才派生出它们的价值。如果情感是强烈、稳定和圆满的，人就是快乐的。毋庸置疑，一个穿上新礼服去参加舞蹈学校舞会的小姑娘，可以和一名掌控众人的情绪和意志、以其雄辞闳辩征服众人的卓越演说家一样，享受到极大的乐趣。（《怀疑论者》，*EMP*, p. 166）

所以，认为良好的判断力可以给它的拥有者带来额外的快乐，这种观点实际上是靠不住的，因为就获得的快乐而言，穿上新礼服或者倾心新玩偶的小姑娘未必不及征服众人的演说家，也未必不及沉醉于一件精美瓷器的鉴赏家，甚至犹有过之。

休谟可以采取一种更好的说法，即做出内行的、精细的评判乃是运用了某种能力，从而可以让自己感到自豪，通常还能赢得他人的尊重和敬佩。而且，在许多情况下，这种能力还从侧面反映了某些具有更广泛的应用范围的能力。能够鉴识艺术中的滥情和矫饰、浮华和自负的眼睛与耳朵，与辨别日常生活中同类品行的眼睛与耳朵至少是密切相关的。按照标准的做法，这部分地证明文艺可以充当一种教育，并且是培养情操的关键环节。尽管有20世纪的痛苦经验，能够确定一些特征来分辨真诚的诗和虚伪的诗，乃是一种成就，一种充满影响力的成就，让我们对野心家和假内行的那些冠冕堂皇的谎言保持警醒。这些成就不可强求，不曾取得这些成就的人甚至觉察不到它们。尽管如此，它们仍然是美德，并且可以使那些拥有它们的人真正心生一种无言的自豪感。一个人一旦在某种程度上熟练掌握它们，就不用担心会失去它们，就像不用担心会失去关于历史或数学的知识，或者写出一个符合语法的句子的能力。一旦我们在这方面获得某些能力，就会带着几分愧怍回看自己先前的状态，那时的我们就是闭目塞听、固执己见的糊涂虫。

休谟强调，实践对于培养品味必不可少，而且我们在评判一类作品之前必须经过比较，这在《自然宗教对话录》中得到了很好的体现。斐罗主张，如果你使用设计论证，便是完全放弃相信这一点的权利——你所皈依的神（或诸神）是尽善尽美的。因为你没有任何理由认为世界是尽善尽美的：

p.104

> 倘若把《埃涅伊德》读给一个从未看过其他任何作品的农夫听，他会说这篇诗作绝对完美无瑕，甚或能确定它在人类智慧的结晶中应当位列何处吗？（*D* 5.6）

这里的要点是，由于我们生活的世界只有一个，我们也就没有任何资格谈论它在同类世界中是否特别好或者坏。

在文章接近尾声时，休谟回到了品味的差异性（diversity）问题，他提出，一些无伤大雅的原因会导致这种差异性，而这是意料之中的事，"双方完全不会因为内部结构与外部环境的差异而受到指摘。"（*ST* 28, p. 244）这些差异可能来自各种原因，包括我们在人生的不同时期会有不同的品味，或者可以归于环境的差别。不管怎么说，这样的差异不应该引发作品孰优孰劣的争论：

> 一个批评家，如果只称许一种写作体裁或风格，此外都加以贬斥，当然是错误的。但对于跟个人

秉性和气质相合的作品，我们又几乎不可能不感到偏爱。这样的偏好是无害的、不可避免的，也绝不应该成为争论的对象，因为没有任何标准可以用来对它们进行评判。（*ST* 30, p. 244）

与此类似，我们可能偏爱自己这个时代的习俗和服饰，但"难道因为我们先人的画像上有皱领和裙撑，就非要把它们扔到一边吗？"（*ST* 32, p. 246）[41] 言下之意，这不过是迎合我们自己需求的偏好或偏向而已，并且无论是对还是错，休谟都确信，有定见的头脑和有偏见的头脑是判然有别的。

至于那些有害的偏好，其中一部分可以归咎于道德的败坏：

但是，当道德与正直的观念随世迁移，诗人描写了不良习俗，却没有恰当地表示谴责与非难，我们就必须承认，这会毁掉诗篇，使之沦为真正的丑陋之作。我不可能、当然也不应该和这样的情感产生共鸣。（*ST* 32, p. 246）

我们只要想一想，那些肆意宣扬种族主义或性别歧视的作品让我们感到多么厌恶，就不难理解这一点，这些观念在过去很常见，如今则为人所不齿和唾弃。

在我看来，休谟这篇文章是一项卓越的成就，针对怀疑论为鉴赏和批评活动做了辩护——怀疑论认为这些活动没有主题可言。跟伦理道德的情形一样，我们从一种自然禀赋出发，这种禀赋使我们趋向某些东西并避开另外一些东西，然后我们发现，通过实践我们变得"有眼力"，而评判活动本身成为一种快乐，并成为良好生活的一个重要组成部分。这种实践活动有其独立的地位：我们不能把它看成一种手段，用于把握和对象的美相关的"真理"。而且，如果我们采取这些说辞，就有把自己引入歧途的危险。它自有它独立的价值，并且它本身就能带来快乐。

休谟热切地希望有品位的人会欣赏他的著作。他喜欢将自己形容为"从研究领域到对话领域的使者"（《论写作》，*EMP*, p. 535）。但他绝不仅仅充当这样的角色。就本书所考察的全部话题而言，他是现代世界最为深邃的思想家，或者即便不是，至少也占据了非常靠前的位置。他对人性的理解睿智而无畏，并注入了一种冷眼观之的仁慈。他的为人堪称典范，即便是远远超出专业哲学范围的思考和争论，也应该聆听他的声音。可以肯定地说，对话的世界永远都需要这样一座使馆，以及这样一位使者。

p.106

1   Immanuel Kant, *Prologomena to Any Future Metaphysics* (1783), ed. Henry
     Allison and Peter Heath, in Immanuel Kant, *Theoretical Philosophy after
     1781* (Cambridge: Cambridge University Press, 2002), p. 56.

2   如果碰到困难，随时可以求助乔纳森·本内特（Jonathan Bennett）的网站。

3   关于休谟之前的一个世纪，理性如何作为人与上帝的相似点而受到称颂，
     可以参见 Edward Craig, *The Mind of God and the Works of Man* (Oxford:
     Oxford University Press, 1987), ch. 1。

4   Immanuel Kant, *The Critique of Pure Reason* (A 1781, B 1787), trans. Nor-
     man Kemp Smith (London: Macmillan, 1963), A371-2. 亦可参见 A378。

5   例如参见 Richard Rorty, *Consequences of Pragmatism* (Brighton: Harvester,
     1982)。

6   Thomas Reid, *Inquiry into the Human Mind, on the Principles of Common
     Sense*, in *The Works of Thomas Reid*, ed. William Hamilton, 8th ed. (Edin-
     burgh: James Thin, 1895), vol. 1, p. 102.

7   Friedrich Nietzsche, *The Genealogy of Morals* (1887), in *The Birth of Tragedy
     and The Genealogy of Morals*, trans. Francis Golffing (New York: Doubleday,
     1956), Third Essay, §12.

8   这方面最重要的著作是 Ludwig Wittgenstein, *Philosophical Investigations*
     (Oxford: Blackwell, 1953)，以及 Wilfrid Sellars, *Empiricism and the Philoso-
     phy of Mind* (Cambridge, Mass.: Harvard University Press, 1956, reissued
     1997)。

9   我前面给"笛卡尔式"一词加了引号，因为笛卡尔本人在什么程度上是这
     种意义的笛卡尔式哲学家，是值得商榷的。

10   对这一点的有力论证参见 Steven Everson, 'The Difference between Feel-
     ing and Thinking', *Mind*, 97 (July 1988), pp. 401-13。

11   William James, *Principles of Psychology* (1890)(Cambridge, Mass.: Harvard
     University Press, 1981), p. 462; Kant, *Critique of Pure Reason*, A156,
     B195.

12   维特根斯坦对所谓规则遵循（rule-following）的讨论参见其《哲学研究》

(*Philosophical Investigations*)，大致从§140到§204。

13　Kant, *Critique of Pure Reason*, A51, B75.

14　George Berkeley, *A Treatise Concerning the Principles of Human Knowledge* (1710), ed. Jonathan Dancy (Oxford: Oxford University Press, 1998), §§25-6.

15　杰出的休谟研究者诺尔曼·康蒲·斯密（Norman Kemp Smith）给出了大量证据，表明休谟实际上是通过反思他的道德理论，才得出类似的因果关系理论。参见 Norman Kemp Smith, *The Philosophy of David Hume* (London: Macmillan, 1941), pp. 14-51。另可参见后面第6章。

16　许多关于因果关系知觉的心理学研究的源头都是 A. Michotte, *The Perception of Causality* (New York: Basic Books, 1963)。cogweb.ucla.edu/Discourse/Narrative/michotte-demo.swf上可以看到一些有趣的测试。

17　Jonathan Bennett, *Locke, Berkeley, Hume: Central Themes* (Oxford: Oxford University Press, 1971), p. 313.

18　John Locke, *An Essay Concerning Human Understanding* (1690), ed. P. H. Nidditch (Oxford: Oxford University Press, 1975), bk II, ch. ix, pp. 143-9.

19　George Berkeley, *Three Dialogues between Hylas and Philonous* (1713), ed. Jonathan Dancy (Oxford: Oxford University Press, 1998), Dialogue II, p. 97.

20　当代对这种观点进行发展、反驳或修正的一些高质量论文收录在 Tamar Szabó Gendler and John Hawthorne, eds., *Perceptual Experience* (Oxford: Oxford University Press, 2006)。

21　Locke, *Essay*, bk II, ch. xxvii, pp. 335-41.

22　*The Letters of David Hume*, ed. J. Y. T. Greig (Oxford: Oxford University Press, 1932), vol. 1, letter 73, p. 158. 这两部著作的学说有何差别，仍然是研究者关注的问题。

23　作为入门，可以参见我写的《思想》(*Think*, Oxford: Oxford University Press, 1999）一书的第四章。

24　Kant, *Critique of Pure Reason*, B131-2.

25　Friedrich Nietzsche, *Writings from the Late Notebooks*, ed. Rüdiger Bittner, trans. Kate Sturge (Cambridge: Cambridge University Press, 2003), pp. 20-1.

26　对于不熟悉囚徒困境的读者，有许多不错的导论性著作可以阅读，比如 Brian Skyrms, *The Stag Hunt and the Evolution of Social Structure* (Cambridge: Cambridge University Press, 2004)。

27　例如，大卫·刘易斯（David Lewis）承认，尽管博弈论给他关于约定的著作提供了技术内核，但它只是一种"支架"，最终得到的实际上是休谟的理论。参见 David Lewis, *Convention* (Cambridge, Mass.: Harvard University Press, 1969), p. 3。

28　例如参见 Thomas Hobbes, *Leviathan* (1651), ed. J. C. A. Gaskin (Oxford: Oxford University Press, 1998); John Locke, *Two Treatises of Government* (1689), ed. P. Laslett (Cambridge: Cambridge University Press, 1988); Jean-Jacques Rousseau, *The Social Contract* (1762), in *Discourse on Political Economy and The Social Contract*, trans. C. Betts (Oxford: Oxford University Press, 1999)。

29　David Hume, 'My Own Life', *EMP*, p. xxxvi

30　Letter to the Reverend George Campbell, 7 June 1762, in *Letters*, vol. 1, letter 194, pp. 360-1.

31　罗伯特·弗格林（Robert Fogelin）的杰作《为休谟的神迹观一辩》(*A Defense of Hume on Miracles*, Princeton: Princeton University Press, 2003) 对最近的一些荒谬或恶意的误读做了决定性的反驳。当然，敬慕休谟的人不能不感到讽刺的是，无论涉及宗教、道德还是政治，一旦情绪高涨，反对者们的认知能力就会彻底迷失方向。

32　Edward Gibbon, *The Decline and Fall of the Roman Empire* (1776) (London: Dent, 1993), vol. 1, ch. 15, p. 566.

33　不然的话，我们是否根本就不会信赖证言？因为对每一种情形甚或多种情形进行实际检验，对我们来说是行不通的。参见 A. Coady, *Testimony* (Oxford: Oxford University Press, 1992)，亦可参见 Jennifer Lackey and Ernest Sosa, eds., *The Epistemology of Testimony* (Oxford: Oxford University Press, 2006)。

34　Donald Gillies, 'Was Bayes a Bayesian?', *Historia Mathematica*, 14 (1987), pp. 325-46. 另参见 Philip Dawid and Donald Gillies, 'A Bayesian Analysis of Hume's Argument Concerning Miracles', *The Philosophical Quarterly*, 39 (1989), pp. 57-69。关于贝叶斯定理，我给读者做了一个基本介绍，参见 *Think*, pp. 218-25。

35　'Letter from Adam Smith, LL.D. to William Strahan, Esq.', *EMP*, p. xlvi.

36   George Colman, *The Connoisseur*, no. 120, 13 May 1756. 收录于 *The Connoisseur: By Mr Town, Critic and Censor-General* (London: R. Baldwin, 1756), vol. 2, p. 721。

37   Pierre Bourdieu, *Distinction: A Social Critique of Judgment and Taste* (London: Routledge, 1984), p. 165.

38   Jean-Jacques Rousseau, *Émile, or Education* (1762), trans. Barbara Foxley (London: Dent, 1974), p. 306.

39   Immanuel Kant, *The Critique of the Power of Judgement* (1790), trans. Paul Guyer and Eric Matthews (Cambridge: Cambridge University Press, 2000), p. 123. 康德明确区分了具有"规范性"力量的"审美判断"，和单纯认为事物令人愉悦的判断，根据康德的观点，后一种判断没有任何规范性力量。休谟显然没有进行这样的二元区分，这跟他在道德情形中的做法类似。

40   在伍德豪斯（P. G. Wodehouse）的小说《小狗麦金托什的故事》（'The Episode of the Dog McIntosh'，最早收录于1930年出版的《好样的，吉福斯》[*Very Good, Jeeves*]）中，市侩的戏剧制作人用他那个可恶的九岁顽童来试探公众的品味。从人口统计的角度来看，我们不得不说，这个小孩展示了极好的品味。

41   裙撑是一种带有硬箍的衬裙，可以用于扩撑女性的外裙。

年　表

1711年	休谟于4月26日出生，并在贝里克郡（Berwickshire）宁威尔区（Ninewells）的家族庄园长大。
1722—1725年	就读于爱丁堡大学（可能一直到1726年）。
1726—1729年	学习法律与文学。
1729—1734年	从事私下的哲学研究，并起意构思《人性论》。
1734年	在布里斯托尔（Bristol）短暂居留期间担任银行职员，之后前往巴黎。
1734—1735年	居住在兰斯（Rheims）。
1735—1737年	在法国安茹郡（Anjou）的学术重镇拉弗莱舍撰写《人性论》。
1737—1739年	返回伦敦准备出版《人性论》。
1739年	《人性论》第一卷和第二卷出版。休谟回到苏格兰。
1740年	《人性论》第三卷出版。作为对《人性论》的辩护发表《人性论概要》。
1741年	《道德与政治论文集》第一卷出版。
1742年	《道德与政治论文集》第二卷出版。
1745年	未能取得爱丁堡大学伦理学与精神哲学教授讲席。担任（发疯的）安南达尔侯爵（Marquess of Annandale）的私人教师。在邦尼王子查理（Bonnie Prince Charlie）的领导下，苏格兰爆发第二次詹姆斯党起义。
1746年	担任詹姆斯·圣克莱尔（James St Clair）中将的秘书；陪同他前往布列塔尼（Brittany）探险。
1747年	回到宁威尔；准备《道德与政治论文集》第三版。
1748年	《关于人类理解的哲学论文》（*Philosophical Essays Concerning Human Understanding*，1758年后以《人类理解研究》为人所知）在伦敦出版，在随后的三年里刊行了三个版本。
1748年	作为圣克莱尔的随从副官加入前往维也纳和都灵的秘密外交使团。
1751年	《道德原则研究》出版。休谟从宁威尔移居爱丁堡。
1752年	《政治论》（*Political Discourses*）出版。休谟未能取得格拉斯哥大学逻辑学教授讲席。在爱丁堡的律师公会图书馆担任管理员。
1754年	《英国史》第一卷出版。随后一直到1762年陆续出版了另外五卷。
1755—1756年	苏格兰教会发起一次将休谟逐出教门的运动，但未获成功。
1757年	收录《宗教的自然史》的《论文四篇》出版。

p.111

1763—1765年	休谟担任英国驻巴黎大使赫特福德勋爵（Lord Hertford）的秘书，在巴黎沙龙备受推崇。生活优裕，身材发福。
1766年	邀请被迫逃离法国的让-雅克·卢梭来到英国，但卢梭的偏执多疑导致两人的关系破裂。
1772年	休谟的健康状况开始恶化。
1776年	休谟于8月25日去世。
1779年	遗著《自然宗教对话录》出版。

p.112

拓展阅读

休谟著作

A Treatise of Human Nature, ed. L. A. Selby-Bigge, 2nd ed. revised by P. H. Nidditch. Oxford: Oxford University Press, 1978.

Abstract of A Treatise of Human Nature, in A Treatise of Human Nature, ed. David Fate Norton and Mary Jay Norton. Oxford: Oxford University Press, 2000, pp. 4-17.

An Enquiry Concerning Human Understanding, ed. Tom L. Beauchamp. Oxford: Oxford University Press, 1999.

An Enquiry Concerning the Principles of Morals, ed. Tom L. Beauchamp. Oxford: Oxford University Press, 1998.

Essays: Moral, Political, and Literary, ed. Eugene F. Miller. Indianapolis: Liberty Fund, 1985.

Dialogues Concerning Natural Religion, ed. Dorothy Coleman. Cambridge: Cambridge University Press, 2007.

The Letters of David Hume, ed. J. Y. T. Greig, 2 vols. Oxford: Oxford University Press, 1932.

二手文献

这份书目只包括关于休谟哲学的一些最有影响的著作。其他文献可以查阅以往各期的《休谟研究》（*Hume Studies*）杂志，以及大量的论文和论文集。

Baier, Annette C. *A Progress of Sentiments: Reflections on Hume's Treatise*. Cambridge, Mass.: Harvard University Press, 1991.

Beebee, Helen. *Hume on Causation*. Abingdon: Routledge, 2006.

Bennett, Jonathan. *Locke, Berkeley, Hume: Central Themes*. Oxford: Oxford University Press, 1971.

Burns, R. M. *The Great Debate on Miracles*. Lewisburg: Bucknell University Press, 1981.

Dicker, Georges. *Hume's Epistemology and Metaphysics*. London: Routledge, 1998.

Fogelin, Robert, *A Defence of Hume on Miracles*. Princeton: Princeton University

p.113

Press, 2003.

——*Hume's Skepticism in the Treatise of Human Nature.* London: Routledge, 1985.

Garrett, Don. *Cognition and Commitment in Hume's Philosophy.* Oxford: Oxford University Press, 1997.

Gaskin, J. C. A. *Hume's Philosophy of Religion*, 2nd ed. Basingstoke: Macmillan, 1988.

Holden, T. *The Architecture of Matter: Galileo to Kant.* Oxford: Oxford University Press, 2004.

Houston, J. *Reported Miracles: A Critique of Hume.* Cambridge: Cambridge University Press, 1994.

Jones, Peter. *Hume's Sentiments.* Edinburgh: Edinburgh University Press, 1982.

Kemp Smith, Norman. *The Philosophy of David Hume.* London: Macmillan, 1941.

Millican, Peter. *Reading Hume on Human Understanding.* Oxford: Oxford University Press, 2002.

Noonan, Harold W. *Hume on Knowledge.* London: Routledge, 1999.

Norton, David Fate, ed. *The Cambridge Companion to Hume.* Cambridge: Cambridge University Press, 1993.

Noxon, James. *Hume's Philosophical Development.* Oxford: Oxford University Press, 1973.

Owen, David. *Hume's Reason.* Oxford: Oxford University Press, 1999.

Passmore, John. *Hume's Intentions*, 3rd ed. London: Duckworth, 1980, ch. 2.

Pears, David. *Hume's System.* Oxford: Oxford University Press, 1990.

Price, H. H. *Hume's Theory of the External World.* Oxford: Oxford University Press, 1940.

Russell, Paul. *Freedom and Moral Sentiment.* Oxford: Oxford University Press, 1995.

p.114

索　引
（原书页码）

图书在版编目（CIP）数据

如何阅读休谟 /（英）西蒙·布莱克本
(Simon Blackburn)著; 张鑫毅译. -- 重庆 : 重庆大
学出版社, 2022.12(2023.4重印)
（大家读经典）
书名原文: How to Read Hume
ISBN 978-7-5689-3540-1

Ⅰ.①如… Ⅱ.①西… ②张… Ⅲ.①休谟(Hume,
David 1711–1776)—哲学思想—思想评论 Ⅳ.
①B561.291

中国版本图书馆CIP数据核字(2022)第166896号

如何阅读休谟
RUHE YUEDU XIUMO

［英］西蒙·布莱克本(Simon Blackburn)　　著
张鑫毅　译

策划编辑：姚　颖
责任编辑：姚　颖
责任校对：谢　芳
装帧设计：Moo Design
责任印制：张　策

重庆大学出版社出版发行
出版人：饶帮华
社址：(401331)重庆市沙坪坝区大学城西路21号
网址：http://www.cqup.com.cn
印刷：重庆俊蒲印务有限公司

开本：890mm×1240mm　1/32　印张：7.125　字数：145千
2022年12月第1版　　2023年4月第2次印刷
ISBN 978-7-5689-3540-1　定价：52.00元

版贸核渝字(2021)第 101 号